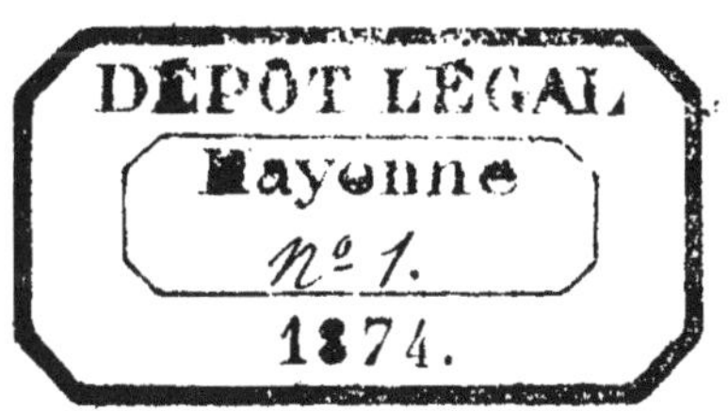

MUSIQUE

ET

MUSICIENS

GUY DE CHARNACÉ

MUSIQUE

ET

MUSICIENS

PREMIER VOLUME

PARIS
LIBRAIRIE MUSICALE
POTTIER DE LALAINE, Éditeur
115, rue de Provence, 115
1873

INTRODUCTION.

Il y a dix-huit mois, au lendemain de nos désassastres j'adressais à M. Charles Blanc, directeur des Beaux-Arts la lettre suivante :

« Mon cher maître,

« En vous voyant arriver, pour la seconde fois, à la direction des Beaux-Arts, où vous appelaient vos importants travaux sur l'histoire de l'art et votre culte pour le Beau, je n'ai pas été le dernier à applaudir à une nomination que je considère comme le signal de réformes nécessaires et depuis longtemps attendues.

« En effet, si votre nom signifie : goûts élevés, travail honnête et consciencieux, profond savoir et critique sûre, il doit vouloir dire aussi : inflexibilité et lutte sans trêve contre le mauvais goût. Ceux qui connaissent et votre personne et vos écrits savent que la fortune des arts est entre des mains vaillantes ; je suis convaincu, pour ma part, que vous saurez débarrasser l'Etat du parasitisme, véritable fléau que le budget a trop souvent entretenu et, que désormais, ses encouragements ne seront plus distribués qu'aux plus dignes pour des travaux qui les honoreront.

« Les arts plastiques vous ont occupé plus qu'aucun critique de ce temps-ci ; toutes les écoles vous sont connues, vous en avez parlé en érudit et en juge sagace ; et si un homme, tel que vous devait échouer dans sa tâche, auquel donc faudrait-il s'adresser pour veiller sur nos destinées artistiques ?

« Chargé en outre de la haute direction des théâtres et de toutes nos institutions musicales, vous devez sentir votre fardeau bien lourd en présence du mal que tant de causes ont amené. En ce qui concerne la première partie de votre tâche, je ne me permettrais pas de vous donnerdes conseils, ce serait gros Jean voulant en remontrer à son curé ; mais en ce qui regarde la seconde, j'espère que vous me les permettrez. Quels que soient les liens qui rattachent entre elles les branches de l'art et qui font qu'un artiste de votre valeur n'est étranger à aucune d'elles, cependant la musique, vous le regrettez vous-même, est celle qui vous a le moins attiré, sans pour cela diminuer en rien vos admirations pour ses grands génies. Vous avez vécu davantage parmi les lettrés, les architectes, les sculpteurs, les peintres, les graveurs, qu'au milieu des musiciens. Vous avez étudié profondément les intérêts et les talents des uns et vous connaissez moins bien ceux des autres. Cependant ces derniers, eux aussi, vous ont souhaité la bienvenue, sachant qu'il vous suffirait de vouloir pour les bien comprendre.

« Quoique indigne je vis au milieu des musiciens, servant, vous le savez, depuis longtemps leur art. Initié à leurs désirs et à leurs aspirations, j'ai pu les aider déjà, en me faisant dans la presse et dans une commission récente, le champion de leurs intérêts. C'est à ce titre, mon cher maître, à ce titre seulement, que je vous demande la permission d'en causer avec vous. Et pour vous mieux montrer ce qu'il y aurait à faire dans cet ordre d'idées, je crois indispensable de jeter un coup d'œil rapide sur la situation présente de nos théâtres lyriques et de la musique en général.

« A cette heure, il n'est pas une seule de nos scènes lyriques, je dis — pas une seule, qui ne soit atteinte d'un mal déjà ancien dont la gravité augmente journellement, dans des proportions considérables. Les causes en sont connues. C'est d'abord, l'abandon partiel de nos principaux théâtres par l'Etat, et l'absence d'un contrôle sévère sur les actes d'industriels plus occupés de leur propre fortune que de la gloire artistique. Ces hommes profitant tantôt du succès des chefs-d'œuvre anciens pour les exploiter jusqu'à la satiété, semblables à ces fermiers sans scrupules qui épuisent par des récoltes répétées les terres qu'ils veulent abandonner, tantôt utilisant l'engouement général pour certains virtuoses à la mode ; ces hommes, dis-je, ont compromis à la fois le passé et l'avenir prochain. Ils ont ainsi lassé le public et les exécutants des plus grands chefs-d'œuvre, les compromettant encore par des exécutions où l'ensemble était sacrifié au virtuose faisant recette. Par ce système déplorable, les directeurs peu soucieux d'un avenir compromis par leur avidité, ont, malgré eux, contribué aux exgigences exorbitantes des « étoiles » qui les ruinent quand elles ne font pas leur fortune. Ils ont joué quitte ou double ; mais à ce jeu c'est assurément l'art qui a le plus perdu.

« Sauf l'art décoratif, et la splendeur des mises en scène, inaugurée par les « féeries », tout est subordonné aux virtuoses : seconds rôles, chœurs et l'orchestre. Immobiles dans un répertoire restreint et trop souvent étranger, ces hommes ont arrêté l'essor de l'art national. Tandis que l'Etat faisait instruire à ses frais nos jeunes compositeurs, pleins d'ardeur à poursuivre les destinées de leurs glorieux prédécesseurs, les directeurs paralysaient ces sacrifices, en rendant leurs théâtres inaccessibles aux talents nouveaux.

« On voit aujourd'hui les effets de ce déplorable état de choses, sciemment établi par les uns et toléré par les autres avec cette indifférence et cette légèreté funestes à notre grandeur. Devant cette unique préoccupation des recettes par les « étoiles », la paresse, le découragement se sont mis partout, chez les exécutants comme chez les compositeurs. En sacrifiant tous les intérêts à des exhibitions, annoncées et soutenues par une réclame effrénée, comment pouvait-on compter sur le bon vouloir, sur le travail, sur la discipline, sur l'espérance, sur l'enthousiasme de chacun ?

« Entrez, mon cher ami. dans l'un de nos théâtres lyriques, et vous vous rendrez facilement compte de la vérité de mes observations. On sent que, depuis des années, l'ensemble des exécutions a été négligé ; que les emplois subalternes sont tenus par des malheureux sans éducation artistique, que les chœurs et les orchestres ne présentent plus ces masses disciplinées et instruites d'autrefois ; que le talent des chefs de pupître a baissé de niveau, et que depuis le départ de quelques-uns de nos virtuoses, les premiers rôles sont remplis par des artistes bien médiocres.

« Voilà donc la triste situation de nos théâtres lyriques dont l'avenir me paraît bien menacé. En revanche, que voyons-nous ? le nombre toujours croissant des cafés concerts : chaque jour en voit apparaître un nouveau ! Et tous voient arriver la foule, une foule ignorante que de bons théâtres pourraient instruire en l'amusant. Au lieu d'un enseignement sain au corps et à l'esprit, elle ne trouve, dans ces débits de musique et de boissons également frelatées, que la compagnie des Offenbach, des Hervé et des Villebichot, dont les grossières productions sont encore rendues plus ordurières par leurs ignobles paroles. Ces estaminets-chantants corrompent ainsi, chaque soir, des milliers d'oreilles en mettant de côté toute règle, travestissant les œuvres des maîtres lorsque par hasard ils y touchent, n'exploitant que le rire, et quel rire ? pervertissant le goût et abrutissant l'intelligence des masses. Dans un discours récent M. le ministre de l'Instruction publique, en réponse à certaines plaintes très-fondées d'un député, disait :

« Quant à la question générale, je dirai comme lui que rien ne serait plus déplorable que de tolérer les mauvais enseignements donnés par le théâtre ; ils font peut-être plus de mal encore que les mauvais enseignements donnés par les livres. »

« J'ajouterai avec la majorité de l'Assemblée : C'est vrai ! Et, bien que ces paroles s'appliquassent plutôt aux œuvres dramatiques qu'à la musique, il n'en est pas moins évident que le mal, pour être d'une nature différente, n'en existe pas moins. D'ailleurs nos théâtres de vaudevilles ne sont plus que des boîtes à musique où règnent la *Grande Duchesse de Gérolsteïn,* les *Brigands* et *l'Œil crevé*. Nous nageons dans le burlesque, dans la farce éhontée, dans la blague à outrance, et cela au beau pays de l'esprit, du goût et de la grâce ! Quelle amère ironie ! Sont-ce là les fruits que devait nous donner la liberté des théâtres ? Et cette fameuse liberté, dont les promoteurs n'avaient sans doute pas prévu les tristes conséquences, n'en sont-ils pas déjà à la déplorer ? Et, d'ailleurs, l'a-vons-nous bien réellement ? La Ville de Paris a-t-elle favorisé au même degré jusqu'ici les entreprises théâtrales, celles qui étaient dignes de ce privilége et celles qui ne l'étaient pas ! il y aurait là-dessus beaucoup à dire.

« Ainsi donc, vous le voyez, pendant que nos grandes scènes déclinent nous assistons aux débordements triomphants de l'art démocratique ! A cet art-là, puisque art il y a, dit-on, nous ne savons ce que réserve l'avenir. Dans le présent, il ne fait naître que le dégoût. Et de toutes ces objections est sorti un orgueil affolé, insensé qui, montant au cerveau de tristes polichinels, en a fait des artistes ! Et quand un corrupteur à la mode s'apprête à vomir une nouvelle débauche, on nous annonce que « le maître a commencé ses répétitions ! » Le maître ! c'est ainsi qu'on parlait de Beethoven. Il est vrai qu'on se découvrait en le voyant passer !

« Du train où vont les choses, il ne faudrait pas beaucoup de temps pour que nous perdions dans l'art la place que nous occupons encore en Europe, comme nous avons déjà perdu celle que nous nous étions faite dans le métier des armes.

« Vous trouverez peut-être, mon cher maître, le tableau bien sombre, mais il est vrai : L'histoire nous prouve que la musique produit sur les masses des effets très opposés. Elle moralise ou elle corrompt. Lorsqu'elle chante par la voix d'un Hændel, d'un Mozart, d'un Beethoven et d'un Cherubini, elle élève nos âmes et développe en nous des sentiments délicats ou sublimes ; tantôt elle amènera sur nos lèvres un doux sourire, tantôt elle fera couler nos larmes. Mais cet art, le plus populaire de tous, peut aussi faire naître dans les foules les plus abjects instincts et les entraîner, comme par une commotion électrique, vers d'épouvantables catastrophes, ou des crimes odieux. Ces exemples sont nombreux anciens et récents. Qu'on y prenne garde, cet art à trois sous la choppe est essentiellement révolutionnaire, et si on ne l'arrête pas dans ses débordements, il achèvera de nous perdre.

« La société toute entière, et surtout à Paris, est atteinte de cette peste morale. C'est même d'en haut quelle est venue. Les débauches musicales dans lesquelles on insultait tout ce que nos pères nous avaient appris à respecter et à admirer dans le domaine de l'histoire, dans le domaine des lettres, dans le domaine de la politique, ont vu le jour dans les dix dernières années de l'empire, sur les théâtres soi-disant élégants.

« Toutefois, je me hâte de laver de cet affront la haute et vieille société française, qu'on a vu protester par son abstension contre cette dépravation du goût et des mœurs. C'est sur les parvenus, les enrichis du dernier règne, mêlés aux étrangers des deux mondes, qu'il faut en faire retomber la faute et la responsabilité. Le plus fêté de ces empoisonneurs est un Allemand d'origine auquel une ambassadrice étrangère donnait sa protection en assistant à toutes ses pièces, entourée de sa coterie, en même temps que Thérésa, reçue dans son salon, devenait l'objet de sa faveur !

« Je n'ai fait qu'esquisser le mal, mon cher ami, et il vous appartient en le regardant de près d'y porter remède sans retard, car vous êtes le directeur des Beaux-Arts, et vous ne voudrez pas que ce qu'il y a de plus noble dans les sociétés civilisées devienne un instrument de dépravation. Sans prétendre vous indiquer les moyens de sauver l'art musical en France d'un tel abaissement, je veux cependant, dans la mesure de mes forces vous soumettre mes idées à cet égard.

« A peine rentré dans Paris, après la Commune, vous vous êtes mis à l'œuvre et déjà vous avez contribué à faire rendre aux grandes scènes lyriques une partie de leurs subventions. Dans un temps prochain vous aurez l'occasion de demander qu'elles soient votées dans leur intégrité, et vous y réussirez, nous l'espérons.

« Vous avez entrepris la réorganisation du Conservatoire de Musique et pris de concert avec M. A. Thomas et M. de Beauplan, votre chef de service, quelques décisions dont la valeur est appréciée généralement. J'y ai fort applaudi moi-même, sauf en ce qui concerne la suppression du pensionnat, mesure sur laquelle je fais mes réserves.

« Donner des encouragements, nommer des professeurs et des directeurs, rédiger les cahiers des charges de ces derniers, c'est déjà beaucoup, mais ce n'est point assez. Si je me suis bien fait comprendre, il faut plus que tout cela pour lutter efficacement contre la perversion du goût. A l'esprit routinier et trop commercial des directeurs de théâtres, opposez non pas seulement les clauses de vos traités, mais le but plus élevé qu'ils doivent poursuivre. Faites-leur comprendre que nous sommes à une époque de crise et qu'après avoir établi la balance de leurs recettes et de leurs dépenses, ils doivent vous aider à la régénération du goût, et que, si l'Etat leur distribue l'argent des contribuables, c'est avant tout pour maintenir l'art dans les plus hautes régions. Faites-leur comprendre qu'ils doivent rendre aux chefs-d'œuvre du passé leur ancien éclat par de belles exécutions, soignées dans toutes leurs parties.

« Soutenez M. A. Thomas dans ses louables efforts et stimulez-le, s'il est besoin, afin que l'excellent cœur de l'homme privé n'affaiblisse par l'énergie indispensable au directeur. Reconstituez avec son aide l'unité perdue de l'enseignement au Conservatoire et les mœurs compromises. Rétablissez la discipline et imposez le respect envers les professeurs, en faisant que ceux-ci s'en montrent dignes. Ne laissez pas sortir de votre école des élèves dont l'éducation est à peine ébauchée, les sacrifices de l'Etat vous imposant le devoir de les retenir jusqu'au jour où ils pourront nous faire honneur. Créez des diplômes de capacité sans lesquels les élèves ne pourront débuter sur les théâtres subventionnés. C'est ainsi que vous formerez à nouveau une pépinière de jeunes talents dignes de leurs prédécesseurs dans un passé déjà loin.

« Prenez en haute considération la position de nos compositeurs nationaux; allez au-devant du mérite inconnu qui ne peut se produire tout seul comme celui du peintre ou du statuaire; si les compositeurs inconnus ne viennent pas à vous faites-les rechercher par vos inspecteurs qui n'inspectent pas. Faites-vous renseigner sur eux, en un mot éclairez-vous. Ouvrez-leur d'autres voies en dehors du théâtre où si peu peuvent parvenir et auquel tous ne sont pas aptes. Pour naître à la lumière, la musique symphonique n'attend chez nous qu'un rayon de faveur. Créez un fonds destiné à la publication des œuvres instrumentales, car vous savez que les éditeurs préfèrent graver les *Canards à trois becs*, hélas! trop demandés sur le marché, que les compositions artistiques. Faites décider de leur valeur et de leur impression par un comité compétent et prélevez-en le fond sur la somme considérable distribuée chaque année aux copistes, souvent sans talent, des chefs-d'œuvre de la peinture.

« Et maintenant, pour lutter contre l'envahissement des cafés-concerts, encouragez la création de sociétés chorales, de concerts populaires, vraiment dignes de ce nom, et n'accordez des privilèges qu'après examen des moyens d'exploitation; donnez à ces établissements des primes d'encouragement, à la charge d'avoir les prix d'entrée les plus minimes. Affranchissez-les des droits qui les grèvent, à la condition de ne faire entendre que de belles et saines œuvres. Par votre énergie, débarrassez la rue de toutes les *bastringues*, des orchestres, des tréteaux, des hurlements et des hoquets qu'on y entend ; balayez enfin les maisons de prostitution musicale dont Paris regorge.

« Et lorsque vous aurez, mon cher maître, accompli cette rude besogne, on pourra dire de vous ; il a sauvé l'art de la ruine qui le menaçait et le pays des débauches de l'esprit où on l'avait plongé. »

Depuis un an, je me hâte de le reconnaître, de grands efforts ont été tentés par le ministre des Beaux-Arts dans le sens indiqué dans la lettre qu'on vient de lire. Et ces efforts ne sont point restés stériles. La direction de notre première scène lyrique est échue à un homme intelligent, expérimenté, artisan d'une fortune honnêtement acquise, à un homme loyal, esclave de ses engagements vis-à-vis de l'Etat.

M. Halanzier a inauguré sa direction en montant l'œuvre d'un de nos jeunes compositeurs, ce qui ne s'était pas vu depuis longtemps à l'Opéra, malgré la subvention de neuf cent mille francs, dont ce théâtre jouissait sous l'Empire ; tout récemment l'honorable successeur de M. Perrin payait une dette contractée par celui-ci en confiant aux meilleurs artistes de la compagnie, un ouvrage français couronné au concours de 1869.

L'Opéra-Comique, avec une subvention réduite de moitié, suit la même voie, et ouvre sa porte à nos compositeurs; le petit théâtre de l'Athénée qui cherche à se substituer à l'ancien Théâtre-Lyrique, ne vit que des nouveautés toute françaises ; enfin les Bouffes-Parisiens eux-mêmes, semblent vouloir rompre avec le mauvais goût, et donner de vraie musique.

Dans un autre ordre d'idées, c'est-à-dire dans la symphonie, dans la musique chorale ou dans la musique de « chambre » des encouragements, proportionnés avec l'exiguité de nos ressources budgétaires actuelles ont été donnés par la direction des Beaux-Arts aux sociétés qui favorisent l'expension du talent de nos compositeurs.

L'impression de quelques œuvres nationales voir même de livres et de traités sur la musique ont pu voir le jour, grâce à l'aide de l'Etat. Partout nos musiciens se voient accueillis avec empressement.

Un tel mouvement ne s'était pas vu encore et il faut en attribuer l'honneur au ministre des Beaux-Arts qui a su s'entourer d'hommes distingués, spéciaux et dévoués aux intérêts de l'art (1).

Jusqu'ici le Conservatoire, seul, bien qu'il ait fondé deux cours utiles ne semble pas disposé à de sérieuses réformes. C'est là un grand malheur pourtant au point de vue de l'art du chant, tombé là, comme ailleurs, en pleine décadence.

Le lecteur trouvera le développement de nos ressources en musique, dans les pages qui vont suivre. Il y lira le compte-rendu des ouvrages nouveaux représentés à Paris depuis deux ans, celui de quelques chefs-d'œuvre, remis à la scène ou exécutés dans les concerts, ainsi que des appréciations sur quelques-uns des maîtres contemporains. Enfin et pour faire mieux connaître l'un d'eux, M. Wagner, j'ai traduit et examiné certains fragments de ses œuvres critiques.

C'est, en un mot, l'abrégé du mouvement musi-

(1) Un compositeur distingué, M. Vaucorbeil, nommé commissaire du gouvernement près des théâtres lyriques et M. Arthur de Beauplan, chef du bureau des théâtres.

cal des dernières années que je présente au public. Une seule lacune m'est imposée par les circonstances; j'ai dû renoncer à parler de nos chanteurs et de nos cantatrices. Un traité passé avec l'éditeur des *Etoiles du chant* (1) m'oblige à réserver mes études sur ce sujet pour l'ouvrage, que j'ai entrepris avec le concours d'un graveur renommé, M. Morse. J'ignore quand il sera continué et terminé; aussi n'est-ce pas sans regret que je renonce aujourd'hui à parler de Mme Carvalho et de M. Faure pour ne citer que nos deux plus illustres virtuoses.

Ecrit au jour le jour des événements, ce petit livre n'a d'autre prétention que de présenter une réunion de documents impartiaux à ceux qui écriront, plus tard, l'histoire de la musique en France, à notre époque et d'avoir été dicté par un sentiment bien fort de la justice et de la vérité, puisé au culte du Beau.

G. C.

---

(1) Trois livraisons des *Etoiles du Chant* ont paru chez l'éditeur Plon, 8 rue Garancière. Elles sont consacrées à Mmes Krauss, Nilsson et Patti.

RIENZI

Opéra en 5 actes, de M. Richard Wagner.

Il y a tout juste vingt ans que j'entendais à Dresde, patrie de M. Wagner, l'opéra de l'ex-maître de chapelle du roi de Saxe. *Rienzi*, écrit à Paris même, était destiné à la scène française, qui n'en voulut pas. Si la direction de l'Opéra eut alors raison de repousser la musique militaire du musicien saxon, son roi fit une bonne action en décidant que le *Rienzi* serait joué au théâtre, jadis dirigé par Weber. Là-bas, il ne suffit pas, comme ici, de porter un nom étranger pour trouver toutes les portes, toutes les caisses ouvertes, on se soutient et on s'aide entre compatriotes.

C'est cette protection royale, que M. Wagner ne paya plus tard que par la plus noire ingratitude, qui permit au musicien de se relever un peu avec son *Tannhauser*. En effet, ce dernier opéra montre un véritable progrès sur le coup d'essai qu'on vient de soumettre au jugement français, audace dont les résultats serviront de leçon, il faut l'espérer du moins, à ceux qui tiennent entre leurs mains nos destinées artistiques.

Dans une lettre adressée à Mme Mendès, M. Wagner prenait soin, selon sa coutume, de parer à toutes les éventualités. Des termes de cette lettre il résulte que si *Rienzi* réussit, on ne le reniera pas ; si, au contraire, il tombe, c'est que cette œuvre de jeunesse — quelle jeunesse tapageuse — taillée encore, dit le musicien, sur les anciens patrons de l'Opéra, devait subir le triste sort réservé à *Don Juan,* aux *Huguenots*, à *Guillaume Tell,* enfin à tous les chefs-d'œuvre dramatiques !

Ce procédé, M. Wagner et ses amis l'avaient déjà employé lors de l'exécution du *Tannhauser* à Paris. A entendre les dévots de l'église wagnérienne, l'œuvre qu'on exécute dans le moment, n'est jamais absolument l'expression, je ne dirai pas du génie, mais du système de « l'avenir ». Que demain, dans son engouement germanique, M. Pasdeloup entreprenne de monter *Lohengrin* ou même le *Vaisseau-Fantôme,* et vous entendrez les séides du Saxon dire que ce n'est pas encore la réalisation de l'idéal poursuivi par le réformateur.

On le sait, l'ouvrage typique, le dernier mot du

système, c'est *Tristan et Yseult,* qui, malgré les plus grands efforts des princes allemands, dont M. Wagner cherchait jadis à renverser les trônes, et dont en fin de compte il accepte journellement les faveurs, n'a jamais pu être représenté au-delà du Rhin. A la suite de répétitions nombreuses, d'essais infructueux, deux ténors sont, dit-on, restés sur le carreau.

L'un y perdit la vie et l'autre la raison ! Et, bien que nous n'appelions pas de telles catastrophes sur la tête de nos ténors et sur celle de M. Monjauze en particulier, nous demandons qu'on renonce aux restrictions, aux faux-fuyants, aux préparations plus ou moins habiles, et qu'on nous serve enfin du véritable Jean-Marie Farina. Nous demandons que la question soit définitivement tranchée, et surtout qu'on ne nous parle plus des malheurs de l'auteur de *Rienzi,* de ses prétendues persécutions dont personne n'est la dupe, et qui, à bien prendre, ne sont que les moyens dont il se sert pour se créer en Europe un prestige que ses œuvres ne justifient pas.

Nous appelons l'expérience de toutes nos forces, et avec cette espérance que la question étant à tout jamais jugée, résolue, l'administration supérieure cessera de permettre aux théâtres subventionnés de n'avoir de convictions, de courage, d'audace et d'argent que pour les musiciens étrangers.

Il demeure donc entendu que *Rienzi* ne contient que de la musique écrite d'après les errements anciens. C'est l'auteur lui-même qui le déclare, en ajoutant que c'est le seul de ses ouvrages qui soit à la portée des intelligences françaises. Nous sommes donc en droit de lui demander les conditions d'art sur lesquelles il prétend s'être appuyé.

Je m'arrête pour me rendre au Théâtre-Lyrique.

. . . .

1 heure du matin.

Plus que jamais, je pense que M. Wagner a bien fait d'écrire, en parlant de cet opéra : « Aussi suis-je loin aujourd'hui d'attribuer à cet ouvrage aucune importance particulière. » Oui, c'est une œuvre de jeunesse, et de jeunesse fort tapageuse, jeunesse qui entraînait M. Wagner à révolutionner son pays et à tenter de renverser le trône de son bienfaiteur ! Depuis lors, les rois ont montré à M. Wagner qu'ils étaient sans rancune, et s'ils ont donné des tabatières à leur enfant prodigue, le dernier fera bien d'en envoyer une à M. Monjauze, qui risque fort de perdre sa voix dans les nombreux combats qu'il va livrer sous la cuirasse de Cola de Rienzi.

Il serait difficile de tirer un plus mauvais parti d'un sujet historique plus dramatique et plus émouvant que celui qu'offrent les destinées du dernier des tribuns romains. Ce rôle, si mouvementé, si dramatique, si grand, se borne avec M. Wagner, qui, comme l'on sait, fabrique tout ensemble musique et paroles, à déclarer dans tous les actes de son livret que Rome est délivrée. Cette déclaration se fait invariablement à grand renfort de grosse caisse, de tambours et de trompettes. La seule variante qui m'ait frappé, c'est que le discours se prononce tantôt à pied, tantôt à cheval, avec costumes appropriés à la circonstance.

Une personne qui doit être bien ennuyée à la fin de la pièce, c'est cette pauvre Irène, la sœur de Rienzi, à laquelle le musicien-poëte a complétement oublié de donner un rôle. Elle ne quitte pas la scène pendant cinq heures durant, et n'a que quelques morceaux à chanter dans les ensembles. Et notez que c'est le personnage féminin le plus important ! Il y a bien un contralto, un certain Adrien Colonna qui, dans l'histoire, est amoureux d'Irène, ami de Rienzi, et le trait d'union entre le tribun et les nobles de Rome ; mais dans la pièce de M. Wagner cet aimable et sensible gentilhomme ne décolère pa une minute, soit contre les siens, soit contre sa fiancée, soit contre le frère de celle-ci.

En somme, *Rienzi* n'est pas du vrai Wagner ; c'est du Wagner première manière. M. Pasdeloup qui est l'ami, l'admirateur et le vulgarisateur du compositeur saxon, lui a joué, avec les meilleures intentions, un assez mauvais tour, ainsi qu'à l'Allemagne musicale. Cette partition est un mélange de tendances italiennes et de procédés à la Meyerbeer maladroitement employés. On y rencontre rarement de mélodies et de déclamations nobles bien accentuées, bien prosodiées, ; mais, en revanche, du bruit et toujours du bruit. M. Wagner ne se rattache nullement, comme on le voit à Gluck, qu'il a la prétention, très mal fondée d'ailleurs, de continuer.

Ce que je vois de plus clair dans cette affaire, c'est que la direction du Théâtre-Lyrique a dépensé beaucoup d'argent sans bénéfice pour la gloire de M. Wagner, et sans profit pour les compositeurs français, qui attendent toujours qu'on joue les œuvres qu'ils ont en portefeuille. Car il faut convenir que la mise en scène est fort belle, et qu'on n'a rien ménagé pour donner tout l'éclat possible à l'ouvrage du protégé du roi de Bavière.

Ecrit au lendemain de la première représentation.

En lisant dernièrement le roman de Lytton-Bulwer, nous comprenions qu'un musicien fut séduit et tenté par l'histoire de Rienzi, le dernier des tribuns romains. Tous les sentiments de l'âme humaine, ont trouvé une expression, une personnification sous la plume du romancier anglais. Avec lui on s'intéresse à cette lutte entre les praticiens et le peuple de Rome, lutte sanglante, pleine de péripéties, éminemment dramatique, et qui devait conduire Cola de Rienzi au Capitole, sous l'égide même d'un cardinal, puis bientôt, après de nombreuses tentatives d'assassinats et de renversements, faire tomber le tribun sous le fer des assassins.

Dans la pièce de M. Wagner, toutes les situations tournent dans le même cercle; c'est une bataille perpétuelle dont le musicien-poëte sera la première victime.

Si M. Wagner a la prétention d'avoir réalisé une œuvre lyrique de la famille des opéras du répertoire européen — il se trompe absolument.

En effet, dans son *Rienzi,* vous êtes toujours en face des mêmes émotions. De là une monotomie fatigante. L'amour s'y montre à peine ; aussi point de pathétique, point de rêverie, aucune grâce, aucune tendresse dans cette musique.

Pendant cinq heures, sans repos, ni trêve, vous êtes en présence et sous l'impression d'un seul effet musical : la force ! Et quelle force ! Une force véhémente, d'une sonorité à outrance. Vous êtes perpétuellement exposé au feu, sans jamais trouver d'ombre. L'art des contrastes, est inconnu à M. Wagner. Rien dans son opéra ne vient reposer. L'oreille, abassourdie dès la première heure, ne perçoit plus qu'un bruit toujours croissant.

Qu'on ne vienne pas nous vanter cette instrumentation bruyante et brutale de *Rienzi*. Que nous importent les dessins et les complications de la musique si le tout y est écrasé entre le sifflement des chanterelles, le hurlement des cuivres et le roulement des tambours ?

En résumé, la langue des dieux, que vous ne parvenez pas même à bégayer, M. Wagner, est, dites-vous, incapable de produire des effets nouveaux, et vous voulez la réformer. Nous ne demandons pas mieux que vous l'enrichissiez cette langue, mais à la condition absolue que ce que vous nous donnerez aura une valeur au moins égale à ce que vous prétendez détruire, et que le monde que vous nous ouvrez, vaudra celui que vous voulez nous faire quitter.

Pour ma part, je le déclare si l'opéra devait désormais marcher dans les voies que vous prétendez lui ouvrir, rompant avec les habitudes de toute ma vie, je préférerais ne jamais remettre les pieds dans un théâtre lyrique.

Huit jours après.

Il y a presque unanimité dans les jugements de la presse, au sujet de *Rienzi*. Mes impressions immédiates, données au lendemain de la représentation, ont été partagées depuis, successivement, par mes confrères. Les plus favorables à la musique de M. Wagner, M. Théophile Gautier, dans le *Journal officiel*, et M. Weber dans le *Temps*, font comme moi de nombreuses réserves. Quant au poëme, cependant très-bien traduit par M. Nuitter, il est condamné par tout le monde. Les principales feuilles musicales, telles que la *Revue et Gazette musicale*, *le Ménestrel*, *l'Art musical*, abondent toutes trois dans mon sens.

M. Paul de Saint-Victor cherche à nous montrer que ses sens très-délicats n'ont pas été trop désagréablement surpris à l'audition de *Rienzi*, mais il m'a semblé peu persuasif. L'éminent critique de la *Liberté* déclare tout net au début de son article que « personne » plus que lui? « n'est hostile de tempérament et de conviction au système musical de M. Wagner! » Il ne se rallie « qu'à la musique du passé » de l'ex-maître de chapelle saxon. M. de Lauzières dans la *Patrie*, M. Prévost dans un excellent article de la France, M. Azedevo dans *l'Opinion nationale*, traitent l'homme et le musicien comme il le mérite, c'est-à-dire comme « le précurseur de la décadence. » La meilleure critique de *Rienzi*, est, à notre avis, celle de M. Xavier Aubryet, dans le *Journal officiel du soir*.

« A proprement parler, dit-il, *Rienzi* est moins un opéra qu'un choral perpétuel mêlé de *marches militaires*, et Wagner se flatte quand il déclare procéder, dans l'inspiration de cette œuvre, des vieux maîtres de la scène. Meyerbeer, dont il fait fi, lui aurait appris le secret de la variété dans l'unité. A côté même du *Crociato*, son pendant naturel, *Rienzi* paraît d'une insupportable monotonie.

La loi des contrastes n'est pas un caprice de la

critique, elle est une nécessité pour une œuvre de longue haleine. »

En effet, dirons-nous à notre tour, est-ce ainsi que Mozart, que Weber, que Gluck, que Rossini, que Meyerbeer ont compris le grand art qui a fait leur gloire ? Quels contrastes dans les différentes parties de ces œuvres admirables ! Les épouvantements de *Don Juan* ne succèdent-ils pas aux grâces champêtres de Zerline, au comique de Leporello ? Le fantastique du *Freyschutz* n'accompagne-t-il pas la poëtique rêverie d'Agathe ? Les clameurs de l'enfer dans *Orphée* ne touchent-elles pas aux tendresses d'Eurydice, et aux suavités des Champs-Elysées ? L'élan patriotique de Guillaume Tell et des siens ne trouve-t-il pas comme contraste les tendresses du sentiment de Mathilde et d'Arnold ? Le massacre des Huguenots ne succède-t-il pas aux élégances de la cour de Chenonceaux, au calme et aux douceurs du beau pays de Touraine ?

Et après une impuissance si manifeste, impuissance créatrice mal dissimulée par un tapage effroyable, vous venez insulter au génie fécond d'un Mendelssohn ou d'un Meyerbeer ! Mais c'est de la rage ! Vous venez nous dire que Mozart faisait « *de la musique de table* ! » « En écoutant le divin Mozart, il vous semble entendre le bruit d'une table royale qu'on sert et qu'on dessert ! » Mais c'est de la folie!

Je mets entre guillemets cette insulte au génie, afin que le lecteur, ignorant de ces monstruosités, connaisse l'homme du *Rienzi*, ce mirmidon écrasé par les Titans qu'il cherche à atteindre de ses injures, après avoir vainement essayé de monter jusqu'aux cimes, d'où ils aperçoivent à peine leur blasphémateur impuissant.

M. Théophile Gauthier nous dit que M. Wagner inaugure en musique le règne du romantisme. Mon confrère oublie que le romantisme date de Beethoven et de Weber. Et je ne sais trop ce qu'ont à faire Beethoven et Weber avec le système wagnérien !

Qu'ont de commun tant de chefs-d'œuvre, dont nous faisons nos délices, leurs dispositions si admirables d'airs, de duos, de trios, de morceaux d'ensemble et de chœurs, avec ce *Rienzi* qui ne nous offre guère, en définitive, que des chœurs succèdant à des chœurs ? Car en vérité, ce qui se chante dans les intervalles, si je puis employer cette expression en parlant de la musique de M. Wagner, ces récitatifs mal faits, sans sonorité lorsqu'ils ne crient pas, n'offrent rien qui puisse intéresser et encore moins toncher. Echos récents d'*Iphigénie*, vous nous avez déjà vengés!

Je ne reviendrai pas sur le rôle joué à Dresde par M. Wagner, à l'époque de la révolution. Mme Judith Mendès nous assure, dans la *Liberté*, que M. Wagner, dont elle fait une sorte de Grand-Lama, « que l'ami sincère du roi Louis de Bavière, a conservé intacte l'indépendance de la pensée. » Cela voudrait-il dire, par hasard, que, le cas échéant, M. Wagner élèverait des barricades à Munich, comme il le fit à Dresde en 1848? J'avoue que cette doctrine de l'ingratitude érigée en principe et dont on veut faire l'indépendance du cœur, ne me paraît pas faite pour rallier les honnêtes gens à la cause de l'auteur de *Rienzi*.

Dans le même article, Mme Mendès, dont j'apprécie l'enthousiasme juvénil, nous dit que « la simplicité du système préconisé par M. Wagner, n'est égalé que par sa beauté. » La fille de Théophile Gauthier rappelle également que le musicien révolutionnaire a dit cent fois : « La mélodie est toute la musique. »

Personne ne peut être dupe de ces prétentions que rien ne justifie dans l'œuvre de M. Wagner. En effet, il faut se méfier de la sincérité et de la réalité de sentiments ainsi affichés. Eugène Delacroix ne parlait-il pas toujours avec grande admiration de la simplicité de l'art grec ? Quant à la fameuse « *mélodie de la forêt* » on sait ce qu'elle vaut. Baudelaire est mort évidemment trop tôt, puisque Mme Mendès nous apprend qu'il allait sans cesse répétant : « Où pourrais-je bien entendre, ce soir, de la musique de Wagner ! »

En somme, mauvaise campagne pour « la musique de l'avenir » première et dernière manière !

8 avril 1869.

HECTOR BERLIOZ

L'œuvre musicale et l'œuvre critique de Berlioz tiennent une grande place dans l'histoire de l'art contemporain. La première est considérable, très-variée, embrasse tous les genres : la musique sacrée, la symphonie et le théâtre.

Le grand artiste laisse des messes, des oratorios, des symphonies, des opéras, des cantates, des chœurs, de vastes compositions présentant des difficultés sans nombre d'exécution, même pour ses ouvrages les moins importants. Voilà pourquoi nous craignons que son œuvre presque inconnue ne le soit longtemps encore. Mais, à part quelques mélodies, ou pour mieux dire, quelques poétiques déclamations vocales rassemblées dans des recueils, nulle part il n'a su se réduire. Il ne laisse ni musique de piano, ni trios, ni quatuor, ni aucune de ces compositions intimes susceptibles de grouper un public, peu nombreux d'abord, qui bientôt va grossissant et prépare ainsi l'éclosion de la renommée.

En effet, il ne serait pas téméraire de supposer que, sans son œuvre de piano, répandue partout en Europe, la gloire de Beethoven ne serait peut-être, à cette heure qu'à son aurore. Aussi, quand nous nous rappelons les luttes de ce pauvre Berlioz, sommes-nous effrayés en songeant qu'il ne sera peut-être jamais connu. Quel est le directeur qui osera remonter ses opéras ? Quel est l'entrepreneur de concerts qui tentera jamais l'aventure avec, des partitions exigeant des frais si énormes ? L'avenir sera-t-il donc pour Berlioz aussi cruel que le passé ? Nous ne pouvons dissimuler nos craintes à cet égard.

Encore si l'auteur des *Troyens* s'était créé de nombreuses sympathies dans le public et chez les artistes, on pourrait espérer un retour en sa faveur mais le caractère de Berlioz, la rudesse de ses expressions, qu'il n'a jamais su adoucir, n'étaient pas de nature à lui créer beaucoup d'adeptes. Si le musicien s'est toujours placé en travers des idées de son temps, il faut dire aussi que l'écrivain a été presque toujours bien ironique et bien injuste dans ses appréciations. Que de sévérités et que d'erreurs dans les premières années de sa critique ! Qui ne se souvient encore, par exemple, de son jugement sur *Zampa* ?

« Autant disait-il, le poëme qui a inspiré Mozart est vrai, d'une allure rapide, élégant et noble, autant celui de M. Mellesville est faux, entaché de lieux communs et de vulgarisme... Eh bien ! continue le critique, la musique d'Hérold n'a guère plus d'élévation dans la pensée, de vérité dans l'expression, ni de distinction dans la forme... La musique d'Hérold ressemble fort à ces produits industriels confectionnés à Paris d'après des procédés inventés ailleurs et légèrement modifiés... Quant à l'instrumentation de *Zampa,* on n'en saurait rien dire, sinon qu'elle est insuffisante en général, mais qu'à la *coda* les coups de grosse caisse sont tellement multipliés, rapides et furibonds, qu'on est tenté de rire ou de s'enfuir. »

Les erreurs passionnées de ce genre sont malheureusement trop nombreuses chez Berlioz.

Plus enclin à signaler ce qui lui déplaît chez certains auteurs qu'à confesser ses jouissances artistiques, on le voit s'acharner sans cesse contre les formes italiennes, et passer sous silence les beautés que plus que tout autre il était capable de comprendre. Combien de fois est-il revenu sur l'*allegro* final du grand air de dona Anna ? Que de plaisanteries n'a-t-il pas débitées sur le *Matrimonio secreto ?* « De la musique de bonne femme ! » s'écriait-il. Le *Barbier de Séville* lui-même n'est point à l'abri de ses sarcasmes, jusqu'au jour, toutefois, où le révolutionnaire, adouci par les circonstances, par les désillusions, par les déboires, pleurait tout près de moi, en écoutant avec délices ce *Barbier*, par lui-même persifflé naguère.

Aucun critique musical n'a eu, en France, une importance plus légitime que Berlioz ; aucun aussi ne s'est plus souvent déjugé, excepté sur lui-même bien entendu. On ne peut s'expliquer ses admirations excessives, ses dédains, ses retours d'opinions, qu'en étudiant le tempérament de l'homme. Avec une volonté de fer, Berlioz a su combattre la délicatesse de son organisation physique. Mais depuis le premier jusqu'à son dernier jour, Berlioz fut toujours maladif.

C'était une étrange nature morale. Sensible à l'excès, gouailleur à outrance, ardent au travail, enthousiaste pour le beau et le grand, pleurant aux vers de Virgile, pleurant aux tragédies de Shakespeare qu'il connaissait et qu'il déclamait mieux que personne, pleurant aux accents de Gluck, pleurant en lisant une simple fable du bon Lafontaine et se pâmant d'aise en débitant des calembours par à peu près.

Dans les derniers temps, il ne pouvait plus retenir ses larmes ; il pleurait à tout, signe évident de la destruction d'un pauvre corps surmené et brisé bien avant la mort. Un soir, des amis, qui le savaient à une des répétitions des *Troyens*, l'attendaient avec anxiété. Il arrive enfin, pâle, l'œil éteint, les cheveux en désordre, les bras pendants et les jambes tremblantes. La maîtresse de la maison se lève à cette apparition, court à lui, présumant une défaite.

— Mon Dieu ! que vous est-il arrivé ? dit-elle. Ne venez-vous pas de la répétition des *Troyens* ?

— Oui, répondit Berlioz d'une voix éteinte.

— Eh bien ?

— C'est superbe, s'écria-t-il, en tombant sur un canapé ! Superbe ! superbe ! répétait-il toujours en sanglotant....

Que faut-il croire des succès de Berlioz à l'étranger, racontés si complaisamment par lui-même dans ses *Mémoires*? On nous a souvent assuré qu'il en fallait rabattre. Ce que nous pouvons dire, c'est que dans son pays, à part quelques succès partiels, la valeur des compositions de Berlioz a toujours été contestée.

Nul plus que lui n'a été discuté, ce qui est très légitime. Cependant, nous ne nous sommes jamais associé aux poursuites acharnées de ses détracteurs. Qui ne se rappelle les diatribes de feu Scudo, ses colères, ce parti pris de tout blâmer, et avec une rage qui faisait pressentir la triste fin du malheureux critique ?

Aucune amertume n'aura été épargnée à Berlioz. Au moment où le demi-succès des *Troyens* pouvait faire présager un revirement dans l'opinion, un autre musicien révolutionnaire, M. Richard Wagner, vint arrêter par l'éclat de sa chute le courant d'opinion qui allait sans doute entr'ouvrir pour notre compatriote des horizons meilleurs.

Berlioz fut le premier à tracer les voies nouvelles dans lesquelles nous ne voyons pas sans crainte s'égarer aujourd'hui l'art musical. Berlioz, M. Wagner et M. Lizt depuis longtemps unis par une même pensée : détruire pour reconstruire, se séparèrent aux dernières heures. En ce moment, Berlioz, malgré l'incontestable supériorité de son imagination sur ses deux rivaux semble désormais distancé par le premier.

Avant de terminer, qu'on nous permette d'esquisser le cadre de cette défaite.

Il s'est produit deux mouvements contraires dans la carrière de ces grands musiciens. Tandis que M. Richard Wagner étudiait la forme dans ce que l'école allemande, a de plus pur et de plus grandiose, Berlioz, élève récalcitrant de Réicha, avait commencé depuis longtemps la réforme. Le moment devait arriver où Wagner, bon gré, mal gré, mettrait un ordre relatif dans un système désordonné. Moins bien préparé aux secrets de son art que son terrible adversaire, Berlioz devait souffrir plus tard de sa répugnance pour les études classiques. Aussi est-ce par la forme que son œuvre est surtout attaquable.

Wagner commençait par *Rienzi*, œuvre désavouée maintenant par lui, aboutissait à *Tristan et Iseult*, l'apogée du système, tandis que Berlioz débutant par la *Symphonie fantastique* pour finir par *Béatrix et Bénédict* et par les *Troyens*, c'est-à-dire par un certain retour vers les formes normales de l'art, retour tardif dont il ne fut pas récompensé par le public et que ses amis lui reprochèrent comme une défection.

Berlioz fut le Girondin de la musique révolutionnaire ; il était donc fatalement condamné. Ses diatribes à l'avénement de Wagner à Paris n'ont fait encore qu'accélérer sa chute. En se séparant de ses adeptes, Berlioz en était arrivé à augmenter le nombre de ses ennemis, et à faire douter même de sa sincérité.

Quel sera le résultat de ces luttes, où tant d'efforts, de talent, de courage et de résignation ont été prodigués ? Il n'est pas douteux pour nous que, si l'art doit profiter de quelques-unes des hardiesses de ces novateurs, le bon sens fera justice de l'exagération de leurs partis pris et de leurs systèmes.

(au lendemain de la mort de Berlioz.)

1869

LA MESSE SOLENNELLE DE ROSSINI

Quoi qu'on ait dit, la fugue est et sera toujours l'un des moyens les plus féconds et les plus puissants pour remuer les masses orchestrales et chorales. On pense chez nous que la fugue est une composition dont la science est le seul intérêt ; c'est là une erreur toute française qu'il est temps de détruire.

Assurément une fugue peut être aride, mais une cavatine peut l'être aussi ; nous en avons plus d'un exemple. Là où l'inspiration manque, que ce soit dans une romance, dans un concerto, ou dans une ouverture, l'ennui se produit également. O musiciens qui vivez dans la paresse, et vous très-précieux Parisiens auxquels quelques minutes d'attention suffisent pour décider que ceci ou cela est admirable ou « infecte, » sachez qu'en musique ainsi qu'en beaucoup d'autres choses, il vous faudra rabattre de vos opinions.

Combien de fois déjà, à ma connaissance, ne l'avez-vous pas fait ? N'aviez-vous pas déclaré, avant la fondation des Concerts Populaires, que Beethoven était assommant? Ne vous ai-je pas entendu dire aussi, avant que l'Opéra eût remonté le chef-d'œuve de Mozart et qu'on vous y eût donné un ballet dans le palais de *Don Juan,* que cet opéra allemand était le comble de l'ennui?

Je suis donc sans inquiétude sur votre conversion finale. D'ailleurs, veuillez-le ou ne le veuillez pas, vous finirez par aimer une belle fugue autant et peut-être plus que vous n'avez goûté le *Pied qui r'mue!*

Sachez que les plus beaux chœurs de Sébastien Bach et de Handel sont des fugues.

Le *Kyriè* du *Requiem* de Mozart est une fugue. Le terrible chœur des catholiques et des protestants, au 3e acte des *Huguenots,* « marmoteurs de prières, régiment de sorciers, » est, sinon une fugue, du moins un morceau écrit en style fugué. Enfin, ô Parisiens très-versatiles, le plus digne d'admiration des fragments de cette dernière grande œuvre de Rossini, — la *Messe solennelle* est... une fugue!

Et c'est précisément cette page magnifique qui vous a le plus remué, et puisqu'il faut, avant tout, qu'on vous « empoigne, » ce qui vous a le plus

« empoigné, » c'est ce fragment scolastique. Cette fòrme musicale que, tout à l'heure encore, vous croyiez une chose savante, mais ennuyeuse, je vous lé répète de nouveau, n'est autre chose qu'une fugue, qu'une fugue avec son sujet, sa réponse, ses contre-sujets, ses imitations, ses renversements, ses canons, sa pédale et sa strette. Et sur tous ces éléments rayonne l'éclatant génie de Rossini.

Dans certaines parties de cette Messe, le maître ne fut pas toujours aussi bien inspiré que dans cette fugue splendide du *Gloria*. Ailleurs on le retrouve tout entier avec ses indifférences sur le sujet qu'il traite, avec son scepticisme, mélangé de superstition italienne. Le scapulaire au cou, il parle quelquefois à Dieu comme s'il s'adressait à Sémiramis, doutant moins de l'existence de la reine de Babylone que de la puissance qu'il vient de chanter et d'invoquer. Ce reproche, d'ailleurs, s'adresse à tous les Italiens qui ont traité la musique religieuse, depuis Pergolèse jusqu'à nos jours.

Malgré de sublimes éclairs, Rossini n'a point dépouillé le vieil homme pour confesser sa foi. C'est sans conviction apparente qu'il a répété le serment chrétien : *Credo in unum Deum*. Il y a telle phrase de l'orchestre où les paroles sacrées sont accompagnées par un rhythme théâtral. Il y a tel solo de ténor dans le *Gloria* qui n'est à vrai dire qu'une cavatine profane, et maints passages où le musicien n'a pas même daigné secouer l'éternelle formule du style de l'opéra italien.

En un mot, si dans cette Messe, si dans son *Stabat,* il s'est élevé sur l'échelle de Jacob, c'est surtout dans le *Kyrie,* dans le *Gloria,* dans quelques passages du *Credo,* dans le morceau d'orgue tout entier et dans l'*Agnus Dei.* Partout règnent l'abondance de l'idée mélodique, le coloris, la lumière, et l'accent dramatique. Quant à l'orchestration, elle est, selon nous, restée stationnaire. Le musicien semble n'avoir tenu aucun compte des exigences actuelles chez un public familiarisé, maintenant, avec la symphonie.

Le *Kyrie,* début de la Messe, écrit à quatre voix avec orchestre et orgue, se présente comme la magnifique préface de l'œuvre. Son chant séraphique est accompagné par un martellement des contre-basses et des basses qui en rehausse encore la beauté.

L'attaque du *Gloria,* est foudroyante. Un regard d'en haut était venu frapper le cerveau du compositeur. La phrase du chœur *Adoramus te, benedicimus te,* est d'un sentiment inimitable. On voit l'humilité des fidèles dans cette louange au Seigneur, dite dans le ton des litanies. Ce passage touche au sublime.

Le duo des femmes : *Qui tollis peccata mundi,* accompagné par les harpes, est d'une mélancolie profonde. Et ces mots : *Miserere, miserere !* ont des accents pénétrants. La *fugue* dont j'ai parlé en commençant est le sublime couronnement de cette page inspirée.

Dans le *Credo,* la phrase du *Crucifixus,* du caractère le plus pathétique, est l'une des plus hautes inspirations de Rossini.

L'*O Salutaris,* que le maître a intitulé : *O Salutaris de campagne,* on ne sait pourquoi (une des mille boutades de son esprit), est peut-être un peu trop modulé. Toutefois, il y a vers la fin un grand trait mélodique qui se déroule comme une arabesque sonore.

L'*Offertoire,* morceau d'orgue digne de Sébastien Bach, eût exigé moins de monotonie dans l'expression du chanteur qui l'interprétait et plus de puissance dans l'instrument.

Les voix chantent sans accompagnement le *Sanctus*. La phrase : *Benedictus qui venit in nomine Domini* est charmante, tout à fait italienne ; mais c'est à peine si le sentiment religieux y paraît.

L'*Agnus* doit le jour à une plus céleste inspiration. La phrase sur *Dona nobis pacem* est l'une des plus heureuses manifestations du génie du maître. Cette réponse au solo de contralto, chantée *pianissimo* par les voix de femmes, est bien l'écho des âmes du purgatoire soupirant à la fois leurs plaintes et leurs espérances. On sent en les écoutant que le ciel s'est ouvert au-dessus de ces âmes pour leur montrer les félicités éternelles.

L'exécution un peu prématurée de la *Messe solennelle* n'a pas eu le temps d'atteindre toute la perfection désirable. Il faut cependant rendre justice au chef d'orchestre et à M. Hurand, chef des chœurs, pour l'intelligence et le zèle qu'ils ont déployés dans cette circonstance, et aussi aux excellents artistes de Ventadour, tels que MM. Ciampi, Verger, Mercuriali, Scalese, à Mlles Rosello, Grossi, Ricci et de Murska, qui sont venus modestement se mêler aux choristes, pour rendre hommage au grand musicien.

Quant aux soli, ils ne seront nulle part en Europe chantés comme à Paris. Mlle Krauss et Mme Alboni ont déployé dans l'œuvre du maître, auquel elles ont dû, ici, de si magnifiques succès, leurs voix admirables et leur grand talent. Il y a entre les deux éminentes cantatrices, une unité de style et de conscience artistique qui devait profiter à l'exécution de l'œuvre.

La voix de Mme Alboni est sans seconde dans le monde; elle reste ce qu'elle était jadis — un fleuve tranquille où l'on se mire comme dans le plus pur cristal. Mlle Krauss, c'est l'amour de l'art, le respect scrupuleux du texte, unis au style le plus élevé, à l'âme la plus chaleureuse. Le succès qu'elle vient d'obtenir dans la Messe de Rossini est un fleuron de plus à la couronne que la critique française lui a décernée.

Immense a été le triomphe de Mlle Krauss, qui a dû répéter le *Crucifixus,* sollicitée par l'enthousiasme général. La cantatrice viennoise a mis toute son âme dans cet adieu suprême qu'elle adressait à l'auteur d'*Otello*.

M. Agnesi a montré qu'il savait chanter la musique d'église.

L'œuvre musicale que nous venons d'entendre est considérable. Le maître a vaincu par delà le tombeau dans un dernier combat. Cette soirée du 28 février comptera, dans notre vie artistique, au nombre de nos plus douces et de nos plus profondes émotions.

2 Mars 1869.

FAUST A L'OPÉRA.

Les illusions que se font les artistes sur leurs œuvres sont fréquentes, et bien des causes les expliquent et les justifient. Si l'artiste est à la mode, s'il est gâté par un public idolâtre, son jugement, obscurci par la fumée de l'encens, perd ses plus sûrs moyens de contrôle. La critique a su régler ses principes, ses points de repaire, d'où elle plane de toute sa hauteur sur l'œuvre qu'elle examine. Obscurcissez les points d'observation, enlevez-leur la lumière, la sérénité, placez le juge sous la pression naturelle de ses intérêts personnels, de la passion, et tout discernement devient impossible.

C'est précisément la situation où se trouve M. Gounod, le musicien préféré des femmes. Le compositeur ayant fait un tableau de genre, il l'exposa dans un cadre taillé à la mesure de l'œuvre, respectant ainsi la loi de l'harmonie en art. Aujourd'hui, détachant son aimable tableau de cette vignette appropriée à sa taille, il vient de le placer dans un immense cadre, hors de toute proportion avec un ouvrage dont les délicatesses, les fines ciselures, les mille ornements, façonnés comme à la loupe, en un mot ce qu'il y a de meilleur chez lui, disparaissent aux yeux éblouis par tout ce qui les environne. Son opéra, transporté du Théâtre-Lyrique à l'Académie de musique, me fait l'effet d'un Téniers qu'on encadrerait dans la « bordure » des *Noces de Cana.*

Mais prenons *Faust* tel qu'il est et tel qu'on nous le présente. Il n'est pas besoin de montrer, et ce serait une étude qui m'entraînerait trop loin, que le *Faust* de M. Gounod n'est point celui de Gœthe, qu'il n'en est, tout au plus, qu'une réduction.

Le rôle de Méphistophélès est manqué presque d'un bout à l'autre.

La partie fantastique, surtout, est loin d'atteindre les proportions exigées par le sujet. Mais, il faut bien en convenir, l'esprit français, en général, et la nature un peu féminine de M. Gounod, en particulier, ne sont guère aptes à comprendre le fantastique et à l'exprimer.

Nous accordons certes un grand talent à M. Gounod qui récolte parfois les fruits d'une excellente éducation musicale. Il a des grâces charmantes, un certain coloris des choses tendres. Il sait chanter. Mais tous ces dons manquent d'éclat. Sa pensée se fait difficilement jour à travers les coquetteries d'harmonie, dont il l'enveloppe avec excès.

Le grand accent dramatique, celui qui traverse la rampe et l'orchestre pour aller remuer les entrailles des assistants, il ne l'a jamais. Vous le chercheriez en vain dans *Roméo et Juliette,* (1) dans la *Reine de Sabat,* dans *Faust*.

---

(1) Mes impressions n'ont pas beaucoup varié, depuis le jour, où j'entendais pour la première fois, *Roméo et Juliette,* au Théâtre-Lyrique, si ce n'est pourtant que cet opéra me paraissait un peu mince pour le cadre d'alors et qu'il dépasse au contraire celui de l'Opéra-Comique. A bien dire, ce n'est guère qu'un duo d'amour, amour dont la véhémence va parfois jusqu'à faire crier la passion des amants de Véronne ! Le chant ne leur suffit pas ! En revanche, ces langoureuses mélopées qui font se pâmer certaines femmes maladives s'y déroulent avec une désespérante monotonie.

La fameuse querelle des Capulets et des Montaigu, prêtait cependant à de grandes oppositions dans la mu-

On peut s'étonner aussi qu'un musicien qui semble

---

sique, Pourquoi donc manquent-elles dans le drame lyrique de M. Gounod? Pourquoi donc ne s'est-il pas emparé des situations dramatiques qui se fussent imposées à tout autre musicien, pour écrire quelques pages vigoureuses, formant ainsi un heureux contraste avec les tendres accents des deux amants? Car, en vérité, il est impossible de prendre pour de la vigueur la scène des duels, final écourté du troisième acte, sans originalité et sans puissance.

Tout ce qui caractérise le grand talent, le sentiment musical, si élevé de M. Gounod, se retrouve dans la partition de *Roméo et Juliette.* En voici, selon moi, les meilleures parties : l'ouverture-prologue avec chœur; la ballade de la reine Mab; le madrigal : « Ange adorable, » le duo du balcon : « O nuit divine, je t'implore! » C'est le pendant un peu affaibli du duo du jardin de Marguerite. Le trio du troisième acte entre Roméo, Juliette et le frère Laurent, d'un très-noble sentiment, pâlit à peine à côté du trio qu'a écrit Meyerbeer au cinquième acte des *Huguenots* dans une situation analogue, je veux dire la bénédiction donnée par Marcel à Raoul et à Valentine. Je citerai encore la chanson du page Stephano, l'entracte du cinquième acte, le fragment instrumental pendant le sommeil de Juliette; enfin quelques passages pathétiques du duo final.

Tels sont les morceaux qui sont dignes de l'auteur de *Sapho* et de tant de beaux fragments répandus dans ses œuvres complètes. Parmi les plus faibles, je mens'exalter sur le sujet qu'il traite, passe si souvent à

---

tionnerai : la cachucha du premier chœur d'un rhythme qui vous transporte plutôt à Madrid qu'à Vérone ; la valse viennoise de Juliette, et le mouvement de menuet, choisi par M. Gounod pour les couplets du vieux Capulet, dont il fait un père Lajoie : « Fêtez la jeunesse et place aux danseurs ! »

Je ne saurais dire à quel point je trouve ces morceaux absolument médiocres et déplacés dans le palais des Capulets. Ce — *Place aux danseurs* vous rappelle, malgré la magnificence et la noblesse du lieu, les crieurs des bals champêtres et leur : *Place aux danseurs ! En avant les quatre autres!*

Il y a certainement beaucoup de passion dans le duo qui termine le quatrième acte; mais je me demande comment le chant de l'alouette a pu éveiller chez le musicien l'idée de pareilles explosions de voix ! Cette nuit d'amour ce mystérieux rendez-vous dans le palais même de Capulet, invitait à des transports, non pas moins passionnés, mais plus contenus dans leur expression. Comment toute la maison ne serait-elle pas avertie par de tels cris ?

Je ne veux pas terminer mes éloges et mes critiques sans louer l'admirable instrumentation de *Roméo et Juliette*. Il serait difficile de se montrer plus coloriste et plus expressif, de pousser plus loin la science de la fusion des timbres, de développer avec plus de succès et mieux les sonorités de l'orchestre. (Janvier 1873).

côté de la difficulté à vaincre. Malgré les belles et étranges harmonies qu'on admire au début de l'introduction de *Faust,* sorte d'alchimie musicale tout à fait dans la couleur de l'œuvre, cette Introduction dans son ensemble, n'est-elle pas une bien petite porte pour y faire passer un sujet géant? Il fallait évidemment une Ouverture. Mais il fallait aussi la concevoir et l'écrire! L'entreprise était digne de tenter un grand musicien!

L'un des meilleurs morceaux de la partition est assurément le chœur de la Kermesse. Je l'admire d'un bout à l'autre. Voilà du moins une page parfaite et d'un effet véritablement dramatique. En revanche, je ne puis accepter le caractère de la valse qui la suit. Il faut se sentir un bien grand besoin de vogue passagère pour donner une pareille entorse à la vérité scénique. Ecoutez-la bien cette valse qui fait onduler sur leurs fauteuils les cocodès et les cocodettes. Elle contient tous les petits moyens de verve employés avec une habileté aussi grande par les Strauss et les Arditi. Est-ce donc ainsi qu'on devait faire valser les lourds Germains du moyen-âge?

Et l'air « enfiorituré » des *Bijoux?* Combien il est éloigné du caractère de la Marguerite de *Gœthe!*

Nous reconnaissons que la romance de Faust est sans contredit l'un des meilleurs morceaux de l'ouvrage; que le quatuor du jardin ne manque pas d'intérêt scénique, bien que la musique en soit très-pâle; que le célèbre duo des deux amants nous satisferait complétement, si, dans sa tendresse, dans sa passion, ne se trouvaient mêlées certaines tournures mélodiques, certaines désinances qui en altèrent la pureté et la sincérité.

J'ai dit, en commençant que M. Gounod manquait parfois de vérité, de naturel, de force, de puissance, et je m'attache à le prouver. En écoutant le chœur populaire des soldats, retrouvons-nous les vieux reitres que nous voyons dans les légendes, dans les gravures, dans l'histoire de ces temps barbares? Le moyen-âge apparaît-il une minute dans ce mouvement du *pas redoublé,* qui accompagnerait mieux le défilé d'un de nos régiments que celui des landsknecht de la Germanie, rentrant dans leurs foyers?

L'auteur a-t-il été plus heureux dans la ballade du *Rouet?* Ouvrez Schubert, faites vous chanter cet admirable *lied :* la *Marguerite au Rouet,* et je ne doute pas de votre réponse.

Le passage où il s'est montré le plus dramatique, c'est dans le trio qui précède et prépare le duel de Faust et de Valentin. Il y a là de l'énergie et de l'élan.

Quant aux airs de ballet, ajoutés pour les représentations de l'Opéra, ils sont indignes de la plume de M. Gounod.

Je ne veux pas pousser plus loin mes observations sur les points qui manquent à l'organisation dramatique de M. Gounod. Les défauts de *Faust* étaient fort atténués dans le cadre du Théâtre-Lyrique, mieux approprié à son inspiration intermittente. Le dernier acte de *Faust,* supportable au Théâtre-Lyrique, devient insuffisant sur la scène où l'on exécute le cinquième acte de *Robert-le-Diable.*

Que dirai-je de l'exécution? Toutes les parties vocales sont-elles bien écrites pour les voix qui les chantent? Les rôles de Faust et de Méphistophélès ne sont-ils point écrits trop bas pour MM. Colin et Faure? Celui de Marguerite offre-t-il à Mlle Nilsson l'occasion de faire vibrer les cordes hautes de sa voix? Non, assurément. Mlle Mauduit, charmante dans le rôle de Siebel, et M. Devoyod, dans celui de Valentin, paraissent seuls, à leur avantage, dans les personnages qu'ils représentent. M. Devoyod a surtout très-bien dit :

> C'est une croix, qui de l'enfer
> Nous garde !

L'art de M. Faure est tel qu'il donne au rôle de Mephistophélès en intensité mimique, ce qui lui manque musicalement. Au second acte, M. Faure a chanté, scandé et mimé merveilleusement l'air :

> Le veau d'or est encor debout.

Il s'est montré puissant dans la scène de l'église et chanteur consommé dans l'air qu'il chante en s'accompagnant sur sa guitare satanique.

Mlle Nilsson n'a pas répondu à l'attente générale. Quant à moi, j'oserai émettre une opinion opposée. Elle me paraît, si ce n'est dans le caractère de la musique de M. Gounod, dont Mme Miolan rend mieux toutes les miévreries, du moins dans le caractère de la Marguerite de Gœthe.

Mlle Nilsson a fait preuve d'un véritable talent de commédienne dans cette nouvelle création. Je l'ai suivie attentivement, et je l'ai presque constamment trouvée dans le sentiment du personnage. Vers la fin du drame, Mlle Nilsson déploie une puissance que n'a jamais eue Mme Carvalho. C'est, en un mot, une Marguerite très-poétique, et c'est l'essentiel dans ce rôle d'amour simple, naïf et tout de sacrifices.

En résumé, les critiques que nous venons de faire ne nous sont pas venues seulement après la belle représentation que l'Opéra nous a donnée. *Faust* n'est pas né d'hier ; nous savons que cet opéra rencontre ses détracteurs systématiques et ses enthousiastes à outrance. Nous ne sommes ni avec les uns ni avec les autres. Le bienveillant confrère de M. Gounod, M. Richard Wagner et sa suite trouveront, sans doute, nos critiques trop douces encore, de même que les partisans quand même de l'auteur nous trouveront bien sévère. Placé entre ces deux opinions extrêmes, nous croyons avoir dit la vérité.

4 Mars 1869.

FIDELIO AUX ITALIENS.

I

L'affiche des Italiens annonce comme prochaine la représentation de *Fidelio.* Aucune nouvelle ne pouvait nous être plus agréable. En effet, nous croyons fermement que le temps est venu où *Fidelio* prendra, dans le répertoire des théâtres lyriques de Paris, la grande place que lui assigne en Allemagne son immense valeur musicale et le nom de son immortel auteur.

Nous savons qu'il existe un préjugé contre cette œuvre de Beethoven. On a dit, sans se donner, comme toujours, la peine d'étudier, voire même d'entendre, que la musique de *Fidelio* n'était pas dramatique et encore moins vocale; que son seul côté intéressant se trouvait dans l'orchestration; qu'il fallait renvoyer le grand homme à ses sonates et à ses symphonies, et que le théâtre, en définitive, « n'était pas son affaire. » Disons que c'est en France que l'on ose écrire de telles choses, mais que l'Allemagne se garde bien de semblables jugements. Qui ne se souvient, d'ailleurs, qu'à l'origine, la musique instrumentale de Beethoven était trouvée plus savante qu'inspirée ?

Ce que le temps a fait pour la musique instrumentale du maître, il le fera pour *Fidelio*. Ce n'est pas au moment où la « cavatine de onze heures, » comme l'appelait plaisamment Berlioz, se démode tout à fait, que nous n'aurions pas le droit d'espérer enfin ce revirement d'opinion. Ce serait donc un grand honneur pour M. Bagier d'obtenir un succès là où ses devanciers n'ont recueilli que l'indifférence, et pour nous une grande joie de voir l'œuvre acclamée à Paris, comme elle l'est partout en Allemagne.

C'est le 5 mai 1860 que le Théâtre-Lyrique nous donna *Fidelio* avec Mme Viardot, Bataille, Serène, Guardi, Fromant et Mlle Faivre. Si la voix de l'illustre cantatrice se fatiguait déjà, son talent était de taille à supporter le poids écrasant du rôle. L'ouvrage fut monté avec un tel soin, l'exécution en avait été si étudiée, que j'observai à cette époque un revirement assez marqué dans l'opinion générale. Ce n'était plus seulement l'orchestration qu'on admirait, mais bien la pure beauté de la mélodie et la vérité de l'accent lyrique. On commençait déjà à ne s'en prendre plus qu'au poëme, dont la simplicité ne convient plus au théâtre moderne, malgré les beaux et rares sentiments qui y sont exprimés. Heureux l'auteur qui saura refaire ce poëme, car ce jour-là *Fidelio* prendra sa place à l'Opéra.

En attendant, comme on ne va guère aux Italiens que pour la musique. et que d'ailleurs cette pièce vaut bien la *Somnambule*, M. Bagier se montre bien inspiré en préparant *Fidelio*. Si le nom de Beethoven n'était point, à lui seul, la raison déterminante de ce choix, le grand succès obtenu l'année dernière au Conservatoire par la Krauss, dans un air de cet opéra, était fait pour fortifier le désir du directeur de Ventadour.

Lorsqu'une erreur d'opinion s'est implantée quelque part, il faut des efforts inouïs ou des circonstances exceptionnelles pour la déraciner. Nous nous sommes fait rejouer cette partition du grand maître, et nous nous demandons plus que jamais comment ces chants si simples, si pathétiques ont pu rencontrer chez nous tant d'indifférence.

Nous nous demandons comment l'inspiration mozarienne du quatuor du premier acte et du trio du second n'a pas frappé, tout d'abord, les dévôts de l'auteur de *Don Juan ?* Comment l'air adorable de Marceline n'a pas touché le public par la tendresse de ses accents ? Comment le grand air de Fidelio, celui de Florestan, le duo du tombeau, celui de la délivrance, le quatuor qui le précède, le chœur des prisonniers et le grand finale n'ont pas révélé, tout de suite, aux auditeurs la même et sublime main qui a écrit la symphonie en *la* et les *Ruines d'Athènes* ?

Comme nous l'avons dit plus haut, nous sommes convaincu que la lumière va se faire dans les esprits. M. Bagier semble l'avoir compris aussi. On nous assure qu'il attache à cette reprise toute l'importance qu'elle mérite. Il a communiqué ses convictions à ses artistes ; il a fait venir de Vienne une partition sur laquelle les mouvements ont été marqués au métronome par le chef d'orchestre de l'Opéra impérial, le fils de celui qui monta *Fidelio*, sous la direction même de Beethoven. Il a demandé à M. Balfe, de Londres, les récitatifs qu'il a faits pour les substituer au dialogue. M. Leroy, que M. Bagier a eu l'heureuse idée de s'attacher, dirigera la mise en scène avec son habileté consommée. M. Alary s'occupe, avec un zèle au-dessus de tout éloge, des études de la partition ; à M. Hurand incombe la direction des chœurs, et déjà M. Chodzdopol s'attache à pénétrer les secrets de l'admirable orchestration de l'œuvre. La partition sera donnée dans son intégrité absolue, avec le respect qu'elle commande.

Comme cela se pratique à Vienne, et comme on l'avait fait au Théâtre-Lyrique, la troisième ouverture de *Fidelio*, celle d'*Eléonore*, sera exécutée pendant l'entr'acte, sans préjudice de la première : l'ouverture en *mi*. On nous assure qu'un supplément de choristes doit être ajouté au personnel ordinaire, comme cela se fait toujours pour le célèbre « chœur des prisonniers » et le grand finale du second acte, mesure très-sage, si l'on veut donner à ces morceaux la sonorité vocale et l'effet qu'ils produisent ailleurs.

Voici la distribution des rôles :

Fidelio, Mlle Krauss ; *Marcelina*, Mlle Ricci ; *Florestan*, Nicolini ; *Giachino*, Palermi ; *Pizarro*, Agnesi ; *Rocco*, Ciampi ; *le Ministre*, Zimelli.

Le rôle de Fidelio semble avoir été écrit pour les qualités dominantes du talent passionné de la Krauss. Les journaux allemands m'ont appris qu'il fut à Vienne le plus grand de ses succès. Elle le retrouvera chez nous.

Tout semble donc concourir à une belle exécution du chef-d'œuvre lyrique de Beethoven.

18 Octobre 1869.

II

La soirée de jeudi dernier, 25 novembre, restera comme une date glorieuse dans les annales du Théâtre-Italien de Paris. Rarement, en effet, il nous avait été donné d'assister à un enthousiasme comparable à celui qui s'élevait de la foule des dilettantes, des critiques, des gens de lettres et des artistes, venus en masse pour acclamer, enfin, et le nom et l'œuvre du plus grand des musiciens. Cette émotion vraie, profonde, ces élans sympathiques, ces applaudissements chaleureux venaient à point pour montrer qu'il y a encore à Paris un public, des esprits et des cœurs faits pour comprendre les chefs-d'œuvre de l'esprit humain. Si l'opéra de Beethoven eût été, de nouveau, accueilli froidement, il eût fallu désespérer de nous.

Au lieu de cela, on a pu avoir toute une assemblée, du rez-de-chaussée au faîte du théâtre, transportée d'enthousiasme, acclamer une œuvre sublime dont la représentation venait en dépit des préjugés et en plein règne des trivialités, fêter l'anniversaire de la première représentation de *Fidelio*.

C'est à Vienne, en novembre 1805, que Beethoven dirigea lui-même dans le théâtre *an der Wien* la première représentation de son opéra, sous le titre de *Léonore*. La mauvaise exécution qu'on en fit, après un nombre trop restreint de répétitions, la guerre avec la France aidant, le fit abandonner au bout de quelques jours. Beethoven en fut très-affligé mais infatigable travailleur, il se mit à composer une seconde ouverture en *mi majeur*, disant qu'elle serait plus facile à jouer que celle en *ut*, supprima un air dans le rôle de Léonore, un trio en *mi bémol majeur*, un des airs du geôlier et un duo pour voix de soprano en *ut majeur*. L'année suivante on reprit l'ouvrage sous le titre de *Fidelio* au théâtre de *Karnhtner-Thor*. Mieux préparé cette fois, il obtint un immense succès, qui depuis ne s'est jamais ralenti en Allemagne, où tous les grands artistes ont tenu à l'honneur de le chanter.

Malheureusement, jusqu'à ce jour, il n'en avait point été de même en France, et chaque épreuve nouvelle devenait une déception. Ne disait-on pas que cette musique était impraticable au point de vue vocal? Qu'elle était fort savante, mais complétement dépourvue d'expression dramatique? Que son seul intérêt se trouvait dans l'instrumentation, et que définitivement il fallait renvoyer l'auteur à la musique de chambre, à ses sonates et à sa symphonie. Cette opinion toute française est ruinée depuis avant-hier. Pour notre part et pour celle de beaucoup d'autres, rien n'est au-dessus de l'expression dramatique de la musique de *Fidelio*, œuvre où Beethoven se retrouve tout entier, depuis sa première manière qui rappelle, par instants, celle de Mozart, jusqu'aux sublimes sommets qu'a pu, seul, atteindre l'auteur de la symphonie en *ut mineur*.

Quant à l'orchestration, il est puéril de l'appeler savante. C'est inspirée qu'il faut dire ! La science seule ne suffit pas à créer de pareilles harmonies, qui à chaque instant, et sans jamais troubler l'effet vocal, viennent porter nos sensations à la dernière limite du sentiment.

Il ne me reste plus qu'à dresser le procès-verbal de cette soirée. Je m'empresse de rendre hommage à l'exécution de *Fidelio* par les artistes du Théâtre-Italien. M. Bagier, qui n'avait pas reculé devant l'augmentation de son orchestre et de ses chœurs, a tenu à ne donner l'ouvrage que parfaitement répété et su par chacun. Aussi, toutes choses ont-elles marché à souhait, malgré les difficultés que présente la musique de *Fidelio*. La mise en scène de la pièce est très-intelligemment réglée par MM. Leroy et Alary.

Tous les morceaux d'ensemble ont été dits avec une perfection rare et parfaitement accompagnés par l'orchestre, qui s'est distingué jeudi, non-seulement par les nuances de ses accompagnements, mais encore par l'exécution des ouvertures en *mi majeur*, et en *ut*, celle-ci connue sous le nom de *Léonore-ouverture*.

Il faut avouer que la tentative du directeur du Théâtre-Italien était singulièrement favorisée par la présence de Mlle Krauss, vraisemblablement la seule cantatrice d'aujourd'hui réunissant à la fois les qualités de cantatrice, de musicienne et de tragédienne, indispensables à la parfaite interprétation du rôle écrasant de Léonora. Jamais, on peut le dire, depuis l'origine, on n'avait rencontré semblable interprête. La Milder n'avait qu'à moitié satisfait Beethoven, disent les critiques du temps. Depuis, en 1816, par exemple, époque à laquelle Weber, alors « kapelmeister » à Prague, donna *Fidelio* à son bénéfice, aucune cantatrice n'y a obtenu tous les suffrages.

Dans les lettres de l'auteur du *Freychütz*, on voit

qu'il a quelque humeur contre Mlle Carolina Brandt, cantatrice célèbre qui, plus tard, devint sa femme. La Schrœder-Devrient, qui avait d'abord joué la tragédie et commencé sa réputation dans les pièces de Schiller, débuta par le rôle de Pamina dans la *Flûte enchantée*, et par celui de Léonore en 1820. Elle le joua à Paris en 1829, et j'eus le bonheur de l'applaudir dans *Fidelio* en 1845, au théâtre de Dresde, alors que le fameux ténor Tichatscheck chantait si admirablement le rôle de Florestan. Mais, selon M. Blaze de Bury, et autant que mes souvenirs me le disent, la belle Schrœder-Devrient « jouait bien plutôt son rôle qu'elle ne le chantait. »

Lors d'un voyage que fit à Munich Mendelssohn, en 1830, on y donnait *Fidelio*. L'auteur du *Songe d'une nuit d'été* mande à son père que l'exécution dans son ensemble, « laissait beaucoup à désirer. » La célèbre Mme Schechner, seule, l'avait ému, « par moment, » à ce point, qu'il en « pleurait à sa manière. » Et cependant, dit-il, « sa voix est couverte et elle a souvent chanté beaucoup trop bas. » Depuis, Mme Sczillag de Vienne a réussi dans *Fidelio*.

En 1852, la Cruvelli y fit admirer sa belle voix, mais sans émouvoir son auditoire de Ventadour. Peu de temps après, Mme Viardot y déploya son grand style au Théâtre-Lyrique, mais la voix ne répondait plus aux intentions de l'éminente artiste; l'effet fut manqué. Enfin, jeudi, j'entendais un des artistes dont la France s'honore déclarer hautement dans le foyer que Mlle Krauss laissait derrière elle jusqu'à la Malibran elle-même, qui, disait-il, manquait de puissance dans l'œuvre colossale de Beethoven.

En effet, Mlle Krauss, admirable cantatrice dans l'air terrible du premier acte et dans le duo final avec Florestan, s'est élevée au premier rang des tragédiennes lyriques de notre temps. Admirable d'intentions scéniques, de gestes et d'attitudes dans toute la pièce, sublime dans ses accents dramatiques, dans sa douleur poignante comme dans sa joie, elle arrache les larmes des spectateurs. Non-seulement son art n'a point été dépassé, mais il est plus que douteux, d'après les témoignages vivants ou écrits, que Mlle Krauss ait jamais été égalée dans *Fidelio*.

C'est une âme qui s'exhale en accents touchants, irrésistibles. Le public et l'orchestre des musiciens le lui a témoigné par des bravos qui ont dû l'aller frapper jusqu'au fond du cœur.

Mlle Krauss n'ignorait pas la défaveur dont *Fi-*

delio était frappé chez nous. Elle savait qu'il lui faudrait triompher de la routine, vaincre des préjugés invétérés. Elle sentait qu'elle avait entre les mains la réhabilitation d'un chef-d'œuvre méconnu. Mais cette lourde tâche n'a point arrêté son courage. Chargée d'une responsabilité si grande, c'est avec une visible émotion qu'elle est entrée en scène. Mais lorsque le succès a éclaté, on a pu voir, sur son visage si mobile et si expressif, la double joie de l'artiste, heureuse du succès de l'œuvre.

Le rôle du ténor ne commence qu'avec l'acte de la prison. Il est vrai que Florestan ne quitte plus la scène à partir de ce moment. On nous dit que M. Fraschini n'avait non-seulement jamais chanté, mais encore jamais entendu *Fidelio*, et que par une modestie bien digne d'un pareil talent, il regrettait hautement de n'avoir pas eu de modèle. Un artiste tel que M. Fraschini, peut s'en passer; et il l'a prouvé. Il a triomphé de toutes les difficultés de ce rôle presque inaccessible, et ce n'est pas sans une émotion profonde que le public a chaleureusement applaudi dans cet *adagio*, empreint d'une mélancolie que l'âme si tendre de Beethoven pouvait seule ressentir et exprimer.

Nous ne finirons pas sans féliciter les artistes

chargés des seconds rôles, si tant est qu'il en existe dans cet ouvrage, où il n'y a pas une mesure qui ne soit l'expression vraie et élevée de la situation.

M. Agnesi a dit d'une façon remarquable et avec une grande puissance de voix son air avec chœurs. M. Ciampi a apporté un soin tout particulier dans la composition de son rôle. Il dit avec beaucoup de finesse ses couplets du premier acte ; nous pourrions encore citer nombre de passages très-bien rendus par cet artiste consciencieux. M. Palermi, dans un rôle écrit trop bas pour sa voix, mérite aussi des éloges. Mlle Ricci, excellente musicienne, a mis beaucoup de grâce et de vivacité dans le rôle gracieux de Marceline. (1).

La bataille a été livrée et gagnée en présence d'un public qui n'a pas cessé un instant de partager l'émotion des interprètes.

29 Novembre 1869.

---

(1) Cette jeune artiste, nièce de l'auteur de *Crispino e la Comare*, est morte l'année suivante en Italie.

LE FREISCHÜTZ

à

L'OPÉRA.

—

I.

Ce n'est pas sans une certaine émotion que j'assistais mercredi à la représentation du *Freischütz*, à l'Opéra. Le chef-d'œuvre de Weber est, pour moi, bien qu'il m'ait été donné de l'entendre plusieurs fois dans ces dernières années, un souvenir de jeunesse, un de ces souvenirs ineffaçables, en raison des circonstances au milieu desquelles le *Freischütz* m'apparut.

C'était en 1844, j'arrivais à Dresde pour y terminer mes études, commencées dans un collège de province. J'allais avoir dix-huit ans et je n'avais jamais mis les pieds dans une salle de spectacle ! Vous entendez, messieurs les enfants d'aujourd'hui qui, à quinze ans, savez par cœur la *Belle Hélène* (pas celle d'Homère, mais celle d'Offenbach), tout réthoricien que j'étais, on ne m'avait point encore conduit au théâtre ! J'avais donc hâte d'y entrer. Ce ravissant Opéra de Dresde, construit par M. Semper, l'éminent architecte, monument glorieux que les flammes dévoraient il y a un an, m'ouvrit ses portes, pour la première fois, un soir qu'on y jouait le *Freischütz*.

Quel début ! quelle entrée dans ce monde, nouveau pour moi ! Mon esprit fut tellement frappé par la scène de la forêt, par celle de la fonte des balles, par cette mise en scène fantastique, par la voix magnifique de Tichatscheck, le fameux ténor, par celle de Dettmer et de Mitterwurtzer, par la beauté blonde de la célèbre Schrœder-Devrient, par les yeux noirs de Mme Gentilhomo (réunion d'artistes, telle qu'on n'en verra plus une seconde semblable), enfin par les chœurs et l'orchestre de Dresde, créés par Weber lui-même, en 1816, que M. Wagner dirigeait alors et qui passait, à bon droit, pour le premier de l'Allemagne ; mon esprit, dis-je, en reçut un coup si violent qu'à partir de ce moment la musique devint, chez moi, une passion que les années n'ont fait que développer.

On comprend dès lors quelle émotion je ressens

en écoutant le *Freischütz*, et aussi combien l'interprétation qu'on en donne ici me semble pâle et loin de l'idéal dont j'eus le bonheur de voir la réalisation !

L'Opéra vient donc de reprendre le chef-d'œuvre de Weber avec sa troupe d'été. Mes confrères du *Figaro*, de la *Cloche*, du *Gaulois* et de *Paris-Journal* ont reconnu, avant moi, que l'exécution était tout à fait indigne de l'Académie impériale de musique. Les études n'ont cependant pas fait défaut à cet ouvrage, puisque voilà plus de six mois qu'on annonçait cette reprise ; mais il faut dire la vérité : on ne comprend pas ici le *Freischütz*, et d'avance on était résolu à le traiter irrévérencieusement en le faisant commencer à l'heure où dînent les habitués de l'Opéra !

Arrivons à l'exécution.

Malgré toute mon admiration pour l'orchestre, je dois convenir que l'Ouverture n'a pas été jouée selon mes rêves. Dans l'*adagio* le premier cor s'est abstenu. L'*allegro* et la péroraison ont été menés mollement et trop vite. Le premier chœur de l'introduction est parfaitement chanté ; mais pourquoi se permet-on de transporter la marche en un ballet ?

Les six ménétriers qui doivent venir sur la scène pour célébrer la fête champêtre sont remplacés par tout l'orchestre. C'est là une licence impardonnable, puisqu'elle est en dehors du caractère. Les couplets de ce chœur ont été bien chantés par M. Caron, qui a tout à fait la bonhommie du rôle. Le trio entre Max, Herman et Gaspart n'avait jamais été gâché de la sorte ; on croyait assister à une répétition. La valse, pour rester dans le caractère de cette danse du paysan allemand, demande à être jouée encore un peu plus lentement, et, en tous cas, plus nuancée. Que dire de la scène de Max, d'un si grand style Hélas ! M. Villaret ne l'a pas comprise. M. David a *chevrotté* ses couplets à boire, assaisonnés d'un récitatif ajouté par Berlioz. L'air de Gaspart n'a pas été mieux chanté ; l'orchestre l'accompagne trop lentement.

Passons au second acte. Le joli duo des deux cousines et l'ariette d'Annette sont transformés en marche d'enterrement.

Le grand air d'Agathe que Mlle Krauss nous révélait, cet hiver, aux applaudissements du public de la Société des concerts et je dirai aussi des musiciens, ne peut être rendu, comme il l'exige, par Mlle Hisson, dont les études musicales sont insuffisantes, surtout pour l'*allegro* dont elle escamotte les « traits. » Le trio entre Max et les deux jeunes filles a été massacré.

La scène de la fonte des balles n'est pas à l'Opéra ce qu'elle était à Dresde, où le fantastique atteignait des proportions que les progrès de l'art décoratif dépasseraient cependant facilement aujourd'hui. La mise en scène n'égale même pas celle que le Théâtre-Lyrique nous donnait il y a quelques années. Samiel n'a rien de diabolique ; son costume est manqué. On n'entend pas les cors de la chasse infernale, il faudrait en doubler le nombre. Y ajouter des coups de fouet qui rappellent ceux du *Postillon de Longjumau*, c'est faire de ce mélodrame une chose grotesque.

Au troisième acte, l'arioso d'Agathe a été mal chanté et terminé par une gamme détestable. L'air et la Polonaise d'Annette sont restés sous les ciseaux ! Pour dédommager Mlle Mauduit, on lui a fait chanter le chœur des *Fiançailles*, qui doit être dit par trois jeunes filles !! C'est à n'y pas croire ! Autre faute plus grave encore. — Pourquoi s'est-on permis de placer en tête du chœur des chasseurs la fin instrumentale ?

L'ensemble du final est dit mollement et l'air d'Agathe chanté sans amour. Autres coupures : Interrogatoire de Max supprimé; Adieux de Max supprimés; Intercession du cœur de Max supprimée; Arrivée et air du Prieur supprimés. Ne fallait-il pas céder la place à la *Fille aux yeux d'émail*? A la scène que je viens d'indiquer on a substitué un hachis accommodé à la mode de la *Cuisinière bourgeoise*, et servi par ce pauvre Max, au mécontentement général. Je me permets aussi de faire remarquer que l'admirable sextuor est indiqué *pianissimo* et qu'on le chante à pleins poumons. Quant à l'Hymne final, il a donné lieu à une débandade générale !

Au résumé, M. Perrin a failli à ses habitudes dans cette nouvelle mise en scène, le moindre de nos soucis toutefois. Ce qui nous afflige davantage, c'est le sans-façon avec lequel il a traité la belle partition de Weber, la seule œuvre qu'il nous ait donnée depuis deux ans en dehors du répertoire ordinaire. Non seulement il l'a tronquée, mais il l'a confiée à des artistes qui ne possèdent pas le secret de cette musique. Son accent et sa poésie leur échappent. Ils ne voient que la note du texte, qui, lors-même, qu'elle serait donnée juste, ne suffirait pas à l'interprétation d'une œuvre, qui, moins que tout autre, peut se passer du coloris et du sentiment avec lequel Weber l'a conçue. Mlle Mauduit, dont le débit dans les récitatifs est satisfaisant, mais qui manque d'agilité et de gaieté pour le rôle d'Anette, et M. Caron, sont parmi les interprètes ceux qui se sont le plus rapprochés du caractère de la musique. Mlle Hisson fait de la mélancolique Agathe une virago, et chante faux perpétuellement.

Le rôle de mai est écrit trop bas pour M. Villaret; M. David se surmène et échoue. Triste, triste! Je n'ai parlé ni des coups de feu *ratés*, ni des fausses entrées, ni des costumes suisses et hongrois, ni des glaciers, tout à fait hors de place en Saxe, pour ne pas dégoûter tout à fait nos lecteurs du désir d'entendre le *Freischütz*. Moins difficiles que nous le sommes, ils applaudiront du moins le talent de Mlle Beaugrand, et la grâce de Mlle Mérante dans le divertissement, réglé sur l'*Invitation à la Valse*, de Weber, orchestrée par Berlioz.

II.

Chaque fois que nous écoutons le *Freischütz*,

l'ouvrage le plus complet qu'ait écrit le maître allemand, et qui marque. après Beethoven, l'avènement du romantisme en musique, nous nous demandons comment et sur quelles raisons ont pu s'appuyer les chefs de l'école *abracadabrante* pour faire croire qu'ils avaient greffé certaines parties de leur système sur les principes de Weber. Si son génie est indépendant par l'idée, il faut dire à son grand honneur qu'il est, par la forme, l'esclave des nobles traditions de l'art.

Dans sa mélodie *périodique*, dans son rhythme, dans ses harmonies comme dans ses modulations, si imprévues qu'elles soient tout y semble naturel. Jamais on n'y sent l'effort, jamais on n'y rencontre de discordances, et l'abus du style chromatique. La source de l'inspiration coule abondante et claire, suivant son cours régulier. Cette musique qui vous transporte incessamment dans un monde nouveau n'emploie pour se faire comprendre, que la forme la plus pure de la langue classique, de la langue qu'ont parlée les grands génies, prédécesseur de Weber. Son inspiration était trop vraie, trop sincère pour qu'il s'égarât dans les systêmes; mieux encore il nous apparaît comme l'argument le plus puissant contre les principes nouveaux avec lesquels on prétend tout changer. Se servir de Weber et de son autorité pour expliquer les voies dans lesquelles on est entré depuis, c'est fausser la vérité : Je n'en veux donner pour preuves que les opinions exprimées par Weber, lui-même. Bien loin de prévoir l'usage qu'on ferait des tendances de son esprit, il s'insurgeait dès 1810, contre ceux qui comparaient sa musique à la troisième *manière* de Beethoven. C'est ainsi qu'il écrit à M. G. Nœgeli, éditeur de musique à Zurich (1) :

« Vous semblez voir en moi un imitateur de Beethoven. Ce jugement, très flatteur pour quelques-uns, ne m'est pas du tout agréable. Premièrement, je hais tout ce qui porte la marque de l'imitation, et deuxièmement, je diffère trop de Beethoven, dans mes vues pour que je puisse jamais me rencontrer avec lui. Le don brillant et incomparable d'invention qui l'anime est accompagné d'une telle confusion dans les idées, que ses premières compositions seules me plaisent, tandis que les dernières ne sont pour moi qu'un chaos, qu'un effort incompréhensible pour trouver de nouveaux effets, au-dessus desquels

(1) *Lettres de Weber*, traduites par M. Guy de Charnacé.

brillent quelques célestes étincelles de génie qui font voir combien il pouvait être grand s'il eût voulu maîtriser sa trop riche fantaisie. Ma nature ne me portant pas à goûter le grand génie de Beethoven, je crois pouvoir défendre ma musique par rapport à la logique, à l'art oratoire, et produire avec un seul morceau une impression déterminée. Car, pour moi, le but qu'on doit poursuivre dans toute œuvre d'art, c'est de mettre d'accord les diverses pensées de l'ouvrage, si bien que dans la plus grande variété apparaisse toujours l'unité que le premier thème a fait naître....... Lorsque j'aurai le plaisir de vous envoyer de nouveaux travaux, j'espère que vous reconnaîtrez ma tendance à la clarté, à l'unité et à l'expression du sentiment. »

J'ai cité cette page pour défendre Weber contre une accusation derrière laquelle les Berlioz et les Wagner voudraient s'abriter, mais non pas pour approuver le jugement téméraire que l'auteur d'*Obéron* osa porter sur les œuvres du plus grand génie de la musique, placée trop près de lui pour qu'il puisse en mesurer toute la hauteur. Je m'empresse d'ajouter que dans les œuvres de Beethoven, pas plus, d'ailleurs que dans celles de Weber, « les musiciens de l'avenir » ne peuvent trouver la raison de leurs tentatives insensées.

Comme il l'écrivait à son collaborateur le poëte Kind, au lendemain de la représentation du *Freischütz* à Berlin, en 1821, Weber avait « mis dans le noir » avec son *Franc-Tireur*. Cet ouvrage fut, en effet, un coup de maître, une partition enchantée, l'enchanteresse de toute une génération d'allemands. Je dis d'Allemands, car je ne vois pas que, transporté à Paris, et mutilé, il est vrai, d'abord sous le nom de *Robin des Bois*, puis sous son véritable nom à l'Opéra, en 1821, puis, plus tard, au Théâtre-Lyrique, l'opéra de Weber ait jamais joui d'un long triomphe. L'accueil respectueux, mais froid, fait chez nous à ce chef-d'œuvre, toujours acclamé au-delà du Rhin, tient à deux causes qui, à vrai dire, ne font qu'une. Je me suis entendu sur la première, — l'insuffisance de l'exécution ; — aujourd'hui je dirai quelques mots de la seconde, qui les résume tous deux.

Le *Freischütz* est un ouvrage de premier ordre, auquel nous accordons toute notre admiration, et nous l'avons motivée ; mais il est écrit dans un sentiment que l'esprit français pénètre difficilement, et auquel notre théâtre national ne l'a guère initié. Weber est un rêveur, attiré, inspiré, entraîné par les forces occultes de la nature. Il ne lutte que rarement avec les passions humaines, se laissant, de préférence, guider par la poésie pure dans le domaine de l'idéal, dans des sphères, invisibles pour nos yeux, mais où il vit entouré de lumière et d'où rayonne son génie. C'est un romantique qui, se trouvant trop à l'étroit dans le monde réel, conçoit et crée un monde fantastique où viennent sinon s'éteindre, du moins s'épurer les passions humaines, témoin le caractère d'Agathe. Weber est un amoureux d'une nature qui lui a révélé ses secrets, secrets auxquels son génie cherche à nous initier, mais aussi auquel la majorité d'entre nous reste indifférente.

Le drame moderne avec ses violences a émoussé, en nous les sentiments délicats ; il a mis à nu l'âme humaine et toutes ses passions ; il nous a fait pénétrer dans le vif de l'existence, armé du scalpel avec lequel Balzac a sondé toutes nos plaies ; il nous abreuve de larmes et de sang. Lors donc que nous allons au théâtre c'est du drame qu'il nous faut ; et quand il ne nous suffit plus, nous tombons dans le mélodrame imbécile et grossier. Puis, quand nous sommes saturés de cet alcool énervant, la réaction se fait et nous allons nous plonger dans les eaux basses de la « charge » où le débraillé d'un langage éhonté jaillit des lèvres impudiques et se grise dans une ronde finale que les sergents de ville tolèrent à peine à Mabille.

Je le demande, comment nous serait-il possible de suivre Weber dans ses voyages au pays des songes, dans le fantastique, dans « le bleu ? »

Dans son *Freyschütz*, il ne nous montre qu'une enfant naïve, — la paysanne Annette, qu'une fiancée chaste, mélancolique et pure, — Agathe, dans le cadre d'une forêt profonde, où l'esprit satanique de Samiel, souffle le feu dont Gaspart va tirer des balles enchantées. A la lueur blafarde de la lune perçant à travers les pins, l'imagination du poëte anime, d'une vie étrange, les arbres, les rochers et les cascades. D'un rêve effréné sort la forêt magique, la chasse infernale que dirige le cor enchanté. Et quand toutes ces ombres ont disparu, il reste encore dans notre esprit l'impression singulière d'une vision mystérieuse, de bruits vagues où la nature vous enveloppe, vous sourit, dans des sonorités charmantes, dans un hymne où s'épanche toute l'âme de Weber, mais que les lèvres seules de ses interprètes français répètent, après lui, sans que leur intelligence et leur cœur en soient bien touchés.

31 mai 1870.

AUBER

—

La longue carrière du maître que l'art vient de perdre a permis à plusieurs écrivains de raconter avant qu'elle ne s'éteignît cette existence toute parisienne, si bien faite pour piquer la curiosité publique. M. Fétis, dans une nouvelle édition de son grand ouvrage sur les musiciens, qui avait si grand besoin d'être revu et corrigé, a écrit la vie de l'artiste et donné la nomenclature de ses ouvrages en les appréciant sommairement. D'autres se sont complus dans les détails anecdotiques et les mots piquants dont la conversation d'Auber était remplie.

Quant à nous, nous nous bornerons à étudier le musicien, certain d'y retrouver l'homme tout entier avec ses qualités aimables comme avec ses défauts. Prodigue des unes, il ne cherchait point à cacher les autres, se donnant à tous tel qu'il était et avec un grand abandon.

Auber semblait un anachronisme dans nos époques de troubles civils, de luttes politiques et sociales. Aussi les a-t-il traversées pour ainsi dire sans se douter qu'il y eût autre chose dans la vie que des couronnes de fleurs effeuillées au dessert, des danses et des chansons. Mais enfin il a délassé, charmé deux générations, et cela nous impose une dette de reconnaissance que chacun est jaloux de lui payer.

Parlons donc de celui qu'on est convenu d'appeler « l'illustre chef de l'école française, » et cela sans respect pour Méhul, pour Boïldieu ; Méhul, l'auteur de *Joseph*, l'admiration constante de Weber, Boïldieu, l'auteur de la *Dame Blanche* ! Parlons de la musique d'Auber et de son influence.

L'œuvre de cet élégant bourgeois de Paris est considérable et répond ironiquement à ceux qui parlent de sa paresse et de son insouciance. Il travaillait, au contraire, chaque jour et cela jusqu'à la fin. A qui fera-t-on croire, en effet, qu'un homme puisse écrire sans goût du travail, sans amour de l'art tant de délicieux ouvrages ?

Ceux qui n'ont jamais vu une feuille de partition orchestrée, ne peuvent se figurer l'énorme travail de plume accompli par Auber. En donnant, en moyenne,

300 pages à chacun de ses quarante-deux opéras, on trouve qu'il a couvert de notes plus de 12,000 pages de grandes partitions avec leurs parties de chant et d'orchestre ! Voilà, il faut en convenir, un étrange paresseux ! Et quel singulier insouciant que celui qui, constamment sur la brèche n'a jamais cessé d'écrire, saisissant sans cesse l'occasion aux cheveux, toujours prêt à entrer en répétition, ou se disant prêt, même lorsqu'il ne l'était pas ; s'emparant en maître du théâtre, témoin de ses nombreux succès, épiant, prenant son tour et quelquefois même celui des autres, à la grande satisfaction de son public, public de bourgeois, d'amateurs, de dilettantes et de gens d'esprit.

La fécondité est assurément l'un des signes caractéristiques du génie, mais cette qualité ne suffit pas à justifier ce mot qui semble bien gros en parlant de l'auteur du *Domino noir*.

L'esprit, la grâce, la verve, la chaleur, l'élégance, la forme, le charme, tels sont les dons divers et éminents d'Auber.

Le génie a des ailes, des audaces ; il se renouvelle, se transforme, trouve des voies nouvelles, s'émeut, s'élève dans les hautes sphères du monde moral. Ces signes du génie nous ne les trouvons pas chez Auber. Dès ses premiers ouvrages, sa manière a déjà quelque chose d'arrêté, de définitif; on pressent qu'il ira longtemps, mais qu'il ne s'emportera jamais. Tout est, chez lui, tempéré, même l'esprit, sa qualité dominante. Où trouver, par exemple, dans toute son œuvre un air comparable pour sa fougue endiablée, à celui du Figaro dans le *Barbier de Séville?* Quant à l'émotion, on la trouve rarement dans sa musique. Elle sourit, mais ne provoque point les larmes.

Nous venons de le dire, où l'on reconnaît le génie, c'est aux transformations qu'il opère, et quand le progrès s'arrête, la décadence est proche. Cette décadence du genre, dit national, nous la trouvons partout depuis quelques années. L'Opéra-comique n'y a point échappé, et ce n'est pas sans peine que nous l'avons vu donner asile à des pièces qui eussent été mieux placées aux Bouffes-Parisiens que sur la scène où l'on joue le *Pré-aux-Clercs*. Ce fait justifie nos craintes de voir les musiciens entraînés à l'encontre du mouvement provoqué par Hérold.

C'est ce mouvement, si bien caractérisé par *Zampa*, et dont le retentissement fut si grand, qu'il s'agit de reprendre. C'est vers ce but que doivent se tourner les aspirations des compositeurs contemporains dont nous appelons de tous nos vœux l'avénement au théâtre. Sans cesser d'admirer Auber, qu'ils renoncent à marcher servilement dans sa voie; car s'ils ne découvrent pas de nouveaux horizons, ils tomberont fatalement dans l'ornière suivie par les auteurs du *Voyage en Chine,* de *Vert-Vert* de la *Belle Hélène,* de la *Grande-Duchesse,* de *l'OEil-Crevé* et du *Canard à trois becs!*

C'est à partir de la mort de Boïeldieu et d'Hérold qu'Auber régna et gouverna, non pas à l'Opéra, où il n'a jamais occupé que le second rang, mais à l'Opéra-Comique. C'est à partir de ce jour seulement qu'il est devenu le roi et l'aimable despote de la salle Favart. On s'en aperçut bientôt, et le mouvement musical dont *Zampa* était le signal s'interrompit tout-à-coup. L'idéal d'Auber devint le patron du genre. Il l'imposa, et tout ce qui s'en écartait était presque condamné. Il entraînait à sa suite toute une génération de jeunes musiciens charmés qui lui sacrifiaient le plus souvent leur originalité. Ce qu'ils voulaient, c'était l'imiter. Ce servilisme avait ses dangers et beaucoup s'y perdirent. Et voilà comment de succès en succès, Auber a conduit le genre de l'opéra-comique à sa période actuelle, c'est-à-dire jusqu'à l'épuisement.

Cette crainte, nous ne sommes pas seul à la partager. Bien que les délicats soient en petit nombre dans ce temps de corruptions, il en est encore qui admirent et étudient les grands maîtres, en travaillant loin du bruit de nos désastres moraux et qui resteront pour sauver notre honneur si fort compromis. Mais telle est souvent l'influence d'un seul homme! Et quand cet homme a tourné pendant trois quarts de siècle dans le même cercle étroit, sans passion pour le beau, pour le grand, qu'il a, par l'autorité même de son talent, immobilisé son art, il en devient, malgré lui, le fléau après en avoir été l'une des gloires.

En mourant, le roi Auber a déposé son sceptre au Conservatoire de musique qu'il dirigea si peu. Puisse une main vigoureuse s'en saisir et régner en France sur la musique en ramenant l'art à ses glorieuses traditions !

En dehors du théâtre, Auber a peu produit, et ce qu'il a donné ne vaut guère la peine d'être mentionné. Il a dans sa jeunesse composé de petites pièces instrumentales qui ne méritent pas le titre de musique de chambre. Lorsque plus tard il devint, dans toute sa gloire, directeur de la chapelle des Tuileries, d'abord sous le roi Louis-Philippe et ensuite sous Napoléon III, il ne se manifesta point comme compositeur de musique religieuse. Il ne suivit pas l'exemple de son illustre maître Chérubini qui écrivait pour la chapelle de Charles X tant de chefs-d'œuvre admirables, succédant à ce *Requiem* immortel que la Société des concerts nous a rendu à la Madeleine pendant nos jours d'épreuves et qu'elle vient d'exécuter si merveilleusement aux funérailles d'Auber. Absorbé tout entier par le théâtre, l'auteur du *Mâçon* n'a composé qu'un très-petit nombre de morceaux religieux. Les deux spécimens qu'on avait choisis pour ses obsèques ne font, en vérité pas regretter sa discrétion dans ce genre.

C'est que l'esprit, la verve et la grâce sont insuffisants pour s'élever jusqu'aux cimes élevées de la musique religieuse. Il faut la chasteté de la pensée, les élans grandioses, la foi, en un mot ces dons rares du génie qui manquaient à Auber, à cet enchanteur dont la place est marquée au théâtre dans le présent et dans l'avenir.

Il tient au théâtre par la nature même de son

tempérament d'artiste. Son inspiration en procède et devient impuissante en dehors de la scène. Celle-ci est tellement indispensable à la musique d'Auber qu'on ne peut l'en détacher sans lui faire perdre la plus grande partie de son mérite. Ses chants faciles, qui se gravent si vite dans la mémoire, se parlent plus qu'ils ne se chantent. Les véritables airs de chant, tels qu'on en trouve si abondamment dans Boïeldieu, dans Méhul, sont si rares chez l'auteur des *Diamants de la Couronne*, qu'on peut les compter. Et à quelle distance encore se tiennent-ils par la coupe et l'inspiration de ceux de ses devanciers !

Malgré les réserves que notre conscience de critique nous a conduit à faire, disons, en finissant, qu'Auber fût cependant assez grand pour s'imposer, sinon à l'admiration, du moins à la faveur de l'Europe entière.

Octobre 1871.

LES CANDIDATS AU FAUTEUIL D'AUBER

Dans l'art comme dans la politique, dans les lettres comme dans les sciences, dans l'administration comme dans l'armée, nous avons vu, depuis vingt ans, disparaître grand nombre de nos gloires contemporaines. Et ce n'est pas sans tristesse que l'on considère les mérites des hommes appelés à les remplacer.

C'est qu'en effet le génie d'un peuple peut s'épuiser, lorsqu'il n'est pas fécondé par le travail. En France, nous ne travaillons plus sérieusement. L'étude se règle, chez nous, sur la vitesse d'une machine à vapeur. On veut arriver promptement, sans souci de l'état dans lequel on touchera le but. Produire beaucoup et vite, chercher les occasions de parvenir, courir après l'influence, se poser en chef d'école, lorsqu'on aurait besoin d'apprendre encore son métier, écrire des préfaces à principes à propos des vaudevilles, trouver

Boïeldieu suranné, dès qu'on a commis une opérette, se croire un Véronèse pour avoir brossé une toile de deux mètres, un Lamartine après quelques bouts rimés, un Tacite quand on a prouvé que Dagobert mettait sa culotte à l'endroit, un Vauban pour avoir perfectionné l'art des barricades, enfin se mettre toujours en avant et à tout propos, prétendre à tous les emplois et à toutes les dignités, tel est l'état de maladie où nous sommes arrivés, tel est l'orgueil de ces borgnes devenus rois dans le domaine des aveugles.

Ces réflexions viennent souvent à l'esprit de ceux qui n'ont pas perdu l'habitude de la réflexion, de ceux qui observent d'un peu près la bataille de la vie. Elles m'ont particulièrement frappé, ces jours-ci, en comparant nos « immortels » d'aujourd'hui à leurs devanciers. On se demande en parcourant la liste des académiciens comment tant d'ivraie a pu se mêler au bon grain, et s'il ne serait pas temps d'arrêter tant de vanités inconscientes et de leur dire : Travaillez, travaillez encore, l'heure de la gloire n'a pas sonné pour vous ! Car, en vérité, si les académies continuent à se recruter comme il n'arrive que trop souvent, où trouvera-t-on bientôt cette sévérité du goût qui fait la grandeur intellectuelle d'un peuple ?

L'année recommence et les lauriers verts vont repousser ; les jeunes viennent, dans ces premiers mois, s'asseoir aux places laissées vides par les morts illustres. Nous n'entrerons pas à l'Académie, car la pièce — j'allais dire la comédie — est jouée ; c'est de l'Institut que nous allons parler, où plutôt des futurs remplaçants d'Auber.

Quatre candidats sont en présence et se disputent le fauteuil de l'auteur du *Domino noir*. Leurs noms ne sont pas retentissants, ils ne sonnent pas bien haut à côté de ceux de Chérubini, de Méhul et de Boïeldieu. Ils n'ont jusqu'ici jeté qu'un éclat modéré sur la musique française, mais enfin puisque la place, restée vide, doit être occupée, disons les titres de ces candidats, MM. Elwart, Bazin, Ernest Reyer et Victor Massé.

Le premier, en date, est M. Elwart, candidat perpétuel bien connu par sa persévérance.

Un élève d'Halévy, M. Bazin, pose aussi sa candidature. En 1840, il obtint le premier prix au grand concours de composition de l'Institut avec une cantate très-remarquée. A Rome, il composa une messe, exécutée à l'église Sainte-Lucie des Français, et un oratorio inconnu ici.

L'Opéra-Comique a donné six de ses ouvrages,

dont le plus important est la *Nuit de la Saint-Sylvestre.*

M. Bazin est un musicien consciencieux, sa muse n'a pas d'ailes et ne l'entraîne jamais dans les sphères élevées de l'art; mais elle marche et l'a conduit, du moins jusqu'à présent, dans les sentiers agréables d'Adolphe Adam. Après avoir pendant longues années professé l'harmonie au Conservatoire, il vient d'y être récemment élevé au rang de professeur de composition. C'est là son titre le plus considérable aux yeux de l'Institut.

L'œuvre de M. Ernest Reyer, le troisième candidat, est d'une tout autre nature que celle de son confrère. Par la vivacité de son esprit et de son imagination, par ses tendances, M. Reyer est entré, tout d'abord, dans le mouvement qu'on est convenu d'appeler aujourd'hui — le progrès! M. Fétis lui reconnaît un talent individuel; il ne lui manque, dit le célèbre biographe, « qu'une plume plus exercée dans l'art d'écrire. » Nous laissons au savant M. Fétis la responsabilité de cette réserve purement scolastique, mais il est incontestable que le meilleur ouvrage de M. Reyer — la *Statue*, porte la marque d'un talent original. On trouve chez lui, un tempérament dramatique, de la force, souvent du souffle mélodique et de la grâce.

Les œuvres de M. Reyer sont : le *Sélam*, ode symphonique, *Maître Wolfram*, opéra-comique en un acte ; *Sacountala*, ballet en deux actes ; la *Statue*, opéra en trois actes ; *Erostrate*, opéra applaudi à Bade en 1862, et si rapidement condamné ici, il y a peu de jours à l'Académie nationale de musique ; quelques pièces de musique sacrée et un recueil de mélodies, dont quelques-unes sont charmantes. Il est regrettable que *Sigurt*, ouvrage encore en portefeuille, n'ait pas vu le jour avant la présentation de son auteur à l'Institut. Mais tel est le sort, chez nous, des musiciens, qu'ils doivent laisser leurs œuvres dormir dix ans avant d'obtenir qu'on les représente !

Les titres que nous venons d'énumérer permettent de prédire à M. Reyer les honneurs qu'il est en droit d'espérer, pour peu que les circonstances le favorisent et que la carrière de compositeur s'ouvre plus large devant lui. Dans le présent les œuvres de M. Reyer constitueront-ils, aux yeux de l'Institut, des titres à la succession d'Auber ? Nous le saurons bientôt.

Le quatrième candidat, M. Victor Massé, se fit

connaître, tout d'abord, par ses succès au Conservatoire, où il obtint le premier prix de piano, le premier prix d'harmonie, le premier prix de contrepoint et fugue, et enfin le grand prix de Rome. Aujourd'hui, il est directeur des chœurs à l'Opéra et professeur de composition au Conservatoire.

Des mélodies d'un goût distingué le signalèrent au public au début de sa carrière; puis il écrivit plusieurs opéras : la *Chanteuse voilée*, les *Noces de Jeannette*, dont le succès se maintient au théâtre depuis 1853; *Galathée*, un opéra populaire, la *Fiancée du Diable*, *Miss Fauvette*, les *Saisons*, (ouvrage considéré par quelques-uns comme le meilleur de l'auteur), *Fior d'Aliza*, la *Reine Topaze*, la *Mule de Pedro*, jolie partition qui ne fut jouée qu'une seule fois à l'Opéra. En outre, M. V. Massé a écrit, pour l'Italie, la *Favorita e la Schlava*, et, pour le théâtre de Bade, le *Cousin Marivaux*.

Si la carrière laborieuse de M. Victor Massé compte quelque revers, elle compte aussi des succès de bon aloi. N'a-t-il pas un peu abusé de son savoir et de sa facilité pour écrire avec trop de hâte certaines parties de son œuvre qui, plus longuement mûries, eussent fourni une carrière plus durable ? Il est permis de le croire. Des organisations exceptionnelles peuvent, parfois, improviser sans danger, mais c'est là un péril que, selon nous, M. Victor Massé a eu tort de braver. Quoi qu'il en soit, il a des titres incontestables aux faveurs du public et de l'Institut, et, si nous sommes bien renseignés, c'est à lui que reviendrait l'honneur de succéder à Auber. (1)

1871.

---

(1) Nous avons applaudi à ce choix ratifié depuis. M. Bazin a succédé à Carafa, en 1873.

GALLIA

Cantate de M. Ch. Gounod.

La Société des Concerts, faisait exécuter, hier dimanche, l'œuvre d'un compositeur vivant, d'un musicien de grand talent, qui l'emportait à la dernière exposition de Londres, sur des rivaux étrangers, dans un concours international. Depuis un an, la salle du Conservatoire était muette : la voix du canon avait réduit au silence ses sublimes harmonies. Elles viennent de retentir à nouveau, et il était juste qu'un chant français, inspiré par nos malheurs, marquât cette date. Elle signifie que, vaincue par les armes de la barbarie, la France reste victorieuse sur le terrain des arts.

L'illustre Société des Concerts tient à honorer nos compositeurs vivants, lorsqu'il se présente une œuvre symphonique de valeur et jugée par son comité, digne de figurer à côté de celles des grands génies du passé. Il y a deux ans, elle nous faisait entendre une grande scène pièce avec soli, chœur et orchestre : — la *Mort de Diane*, de M. Vaucorbeil. La plus grande tragédienne, lyrique de notre époque lui avait prêté son concours ; et ce fut un grand succès, et tel qu'on en voit rarement au Conservatoire. Cette page de M. Vaucorbeil le méritait par la hauteur de l'inspiration, aussi bien que par l'élévation du style.

L'année d'avant, c'était un excellent concerto pour violon, avec accompagnement d'orchestre de M. Joncières, l'auteur de *Sardanapale* et des *Derniers jours de Pompeï*. La chaîne se relie donc aujourd'hui par une lamentation de M. Gounod — *Gallia*. Oui, pendant que nous succombions ici, sous le feu de l'ennemi, entourés par un cercle de fer, éprouvés par les maladies, par les blessures les plus atroces, par le froid, par la faim ; pendant que nos artistes saisissaient le fusil pour courir à l'ennemi ; que Regnault tombait frappé d'une balle ; pendant que, réunis sous la présidence de M. de Saint-Georges, MM. Auber, Thomas, Félicien David, Vaucorbeil, Joncières, Marmontel, Adolphe Sax, Francis Wey, Perrin, Georges Hainl, Leroy, et leur secrétaire, auteur de ces pages s'occupaient de secourir les ambulances ; pendant que l'orchestre et les chœurs de la

Société des Concerts exécutaient à la Madeleine, l'admirable *Requiem* de Cherubini ; pendant ces heures d'angoisse où la mort était sans cesse suspendue sur les têtes les plus chères, les arts et l'industrie du monde étaient conviés à une lutte pacifique dans la riche cité des lords et des marchands et l'auteur de *Faust* y cueillait des lauriers en pleurant nos malheurs sur sa lyre !

La cantate de M. Charles Gounod débute par quelques mesures de l'orchestre et un chœur en *mi mineur :* « La voilà seule, vide, la cité reine des cités ». C'est une lamentation d'un caractère noble où sont semées d'une main exercée des dissonnances harmoniques qui ajoutent à la tristesse du morceau. Le rhythme et le sentiment dans lesquels il est écrit nous ont rappelé les dernières mesures d'un chef-d'œuvre : le *Confutatis* du *Requiem* de Mozart : *Oro supplex et acclinis*.

Le second morceau est une cantilène pour soprano, où l'on sent les traces d'un travail très-approfondi plutôt que l'inspiration. Cette cantilène est interrompue un instant par une phrase chorale sur une marche harmonique dissonante, tout à fait neuve, hardie, telle enfin que M. Gounod, ce grand harmoniste, sait en trouver et les présenter à l'auditeur. Ce passage, sous la plume d'un musicien ordinaire, eût été dur ; sous la sienne il passe sans choquer l'oreille.

Sur ces paroles : « O mes frères, voyez ma douleur, » le chœur fait entendre une progression vocale d'un beau sentiment. La phrase suivante : « Grâce, Dieu vengeur ! » a de la puissance.

Le dernier morceau de cette cantate, assez peu développée d'ailleurs, sort de la déclamation, et rompt avec la recherche d'effets antérieurs où l'on trouve l'influence wagnérienne, pour nous offrir un chant bien rhythmé, dont les signes distinctifs sont la grandeur et la sonorité. L'accompagnement en triolets qui supporte le chant n'est pas très-neuf; il a été souvent employé depuis la célèbre phrase des *Huguenots* : « Pour cette cause sainte, j'obéirai sans crainte. »

Je me demande si dans cette œuvre patriotique il existe une émotion réelle, les élans d'une âme exaltée par les désastres de la patrie? Elle ne m'a pas laissé cette impression. Je n'y ai pas rencontré cette inspiration de premier jet qui est, comme l'on dit, le cri du cœur. Cependant, notre analyse en fait foi, on retrouve dans *Gallia* le beau talent de l'auteur de *Faust* et des chœurs d'*Ulysse*, qui laissent bien loin derrière eux cette cantate. Elle n'en a pas moins été chaleureusement accueillie par le public délicat de la Société des Concerts.

Les soli ont été chantés par Mme Weldon, la première interprète de l'œuvre à Londres. Appartenant par sa naissance à une ancienne famille de Cornouailles, elle est aujourd'hui la femme d'un capitaine de l'armée anglaise. Ses succès dans les salons, et plus encore ses enthousiasmes pour la musique de M. Gounod, en vont, dit-on, faire une artiste.

Ce qui frappe chez Mme Weldon, c'est le timbre de sa voix, d'une intensité très-originale. Celle-ci est homogène dans tout son registre, juste, et, je le répète, d'un timbre inconnu dans le midi de l'Europe, C'est du métal anglais. Il n'y a chez cette femme ni style ni âme. Elle ignore, je crois, l'art du chant, l'art de phraser ; ou plutôt il n'y a point d'art du tout chez Mme Weldon, pas plus qu'il n'y a d'émotion. On dit qu'elle se prépare au théâtre sous l'habile direction de M. Gounod. Il faut donc attendre, pour se prononcer sur l'avenir de cette nouvelle cantatrice. (1)

31 octobre 1871.

Mme Weldon n'avait pas encore débuté sur la scène, en mai 1873. Elle se contente de chanter dans les con-concerts. la musique de M. Gounod, établi à Londres depuis nos désastres.

EROSTRATE

Opéra en deux actes de MM. Méry et E. Pacini, musique de M. Ernest Reyer.

Il doit y avoir une femme dans l'histoire d'Erostrate, dit une chronique vénitienne, en racontant la mort d'Irène, à Constantinople. Cette chronique a raison :

« *Erostrate incendia le temple d'Ephèse. septième merveille du monde, pour illustrer son nom et pour plaire à une femme.*

« Voilà ce que tous les historiens ont rapporté les uns après les autres comme les échos de Panurge.

« Erostrate signifie en grec, *le guerrier, le soldat, le héros de l'amour*. C'est le nom le plus charmant qui existe, mais il ressemble beaucoup plus à un surnom glorieux qu'à un nom d'incendiaire stupide.

« Les archontes éphésiens avaient défendu sous peine de mort de prononcer le nom de l'incendiaire du temple de Diane. Le peuple nomma Erostrate l'homme sans nom ; le véritable n'a jamais été connu, conformément au terrible décret éphésien.

« Ce grand criminel avait probablement accompli une vengeance contre Diane, la chaste déesse, toujours brouillée avec sa voisine Vénus et son fils Eros. La main d'une femme donna la torche d'incendie ; c'était sans doute une des nobles Athéniennes amoureuses de gloire et toujours enflammées de l'ambition de *passer déesse*, grâce au ciseau d'un sculpteur illustre et en vertu de ce joli madrigal antique, attribué à Praxitèle : *O femme, laisse tomber ta tunique et tes voiles, et demande des autels*.

« Les prêtresses de Diane se chargèrent de la punition, qui fut mise sur le compte de la foudre ; elles brisèrent la statue de la belle Ephésienne d'Athènes ; il y eut alors représailles, le héros de l'amour fit son devoir d'amant, il incendia, et les historiens grecs écrivirent une fable selon leur usage. »

Ainsi s'expriment les librettistes d'*Erostrate*,

MM. Méry et Pacini, avant de mettre en présence les acteurs de ce drame lyrique, dont la forme distinguée est le principal mérite. L'action dramatique et ce qu'on nomme, au théâtre, les situations y manquent. On s'étonne qu'un homme d'expérience tel que M. Pacini ne se soit pas souvenu davantage de son métier.

La pièce commence par un chœur de prêtresses en l'honneur de Diane. Athénaïs, noble et riche Ephésienne, entre en scène, et pendant qu'une suivante donne la dernière main à sa parure, on apporte un coffret d'ivoire et d'or renfermant des bijoux, envoyé par Erostrate. Elle les refuse, au souvenir de Scopas, un artiste de génie dont la gloire l'enthousiasme. Il entre et débute par ce madrigal antique :

Oui ! ma Vénus pareille à vous respire !
Elle a vos traits divins et votre doux sourire.
D'âge en âge toujours gardant votre beauté.
Mon œuvre vous devra son immortalité.

Athénaïs, touchée, offre son cœur, et le doux nom d'époux à Scopas, qui se voit heureux déjà en, menant sa conquête à Mytilène, sa patrie,

Où l'ombre est douce et l'air léger.

Mais Erostrate revient dans l'espoir d'être enfin agréé. Il trouve Athénaïs endormie et l'entend rêver de son amant, de gloire et d'immortalité. Bientôt elle se réveille et se montre indignée de voir sa demeure ainsi envahie par Erostrate qui, après une longue querelle, lui jette cette menace à la tête : « Crains mon amour !..... » et s'enfuit.

Au second acte, Erostrate exale ses plaintes et sa douleur, appelle à son aide le « dieu des agonies », accepte les dons des Euménides, « le poignard des Atrides et les flammes des enfers ! »

Phœbé vient à son secours ; jalouse de Vénus et d'Athénaïs elle dirige la foudre sur la statue de Scopas et la réduit en poudre. Aussitôt Athénaïs cherche une vengeance et demande à Scopas, comme une preuve d'amour, de briser la statue de Diane. L'artiste s'indigne à la pensée d'un tel sacrilège et refuse de souiller son bras. Mais Athénaïs s'irrite de ce tel refus. « Va-t-en, lui dit-elle, cœur sans courage, âme lâche et parjure ! »

Erostrate, un communard antique, que l'art touche peu, se charge de la vengeance d'Athénaïs et porte la torche incendiaire dans le temple de Diane. Le peuple, si artiste, d'Ephèse, accourt et demande la mort des deux incendiaires; Scopas essaye de sauver son amante et lui propose la fuite. Mais non, Athénaïs préfère la mort, car, pour elle, c'est l'immortalité ! La foule se saisit d'elle et d'Erostrate, pendant que le chœur chante :

A jamais la Grèce doit taire
Le nom odieux,
Le nom de cet incendiaire,
Ennemi des dieux :
Et toi, qui règnes dans Ephèse,
Chaste déité !
Avant la foudre, apaise, apaise
L'Olympe irrité !

Tel est le sujet du poëme, je le répète, mieux versifié qu'habilement construit, au point de vue scénique.

La partition d'*Erostrate*, remonte à neuf ans. Elle avait été déjà reçue à l'Opéra sous l'administration de M. Crosnier. Ses successeurs MM. Royer et Perrin, la laissèrent dormir dans leur cartons où, vraisemblablement, elle reposerait encore sans l'avénement de M. Halanzier au gouvernement de l'Opéra.

L'ancien directeur du théâtre de Bordeaux, voulant marquer son entrée dans la maison par l'exécution d'un de nos compositeurs, a choisi parmi ceux-ci M. Ernest Reyer, l'heureux auteur de la *Statue*, bibliothécaire de l'Opéra et en même temps critique musical au journal des *Débats*. M. Halanzier mérite d'être applaudi et encouragé, quelle que soit la triste fin de cette première tentative. Il ne peut, d'ailleurs, arguer à l'avenir des frais considérables qu'entraîne, disait-on toujours jadis, la mise en scène d'un opéra nouveau. Celle d'*Erostrate* n'a coûté, chiffre officiel, que la somme de mille francs !! Or, qu'on suppose un succès au lieu d'une quasi-chute, et la cause que nous défendons — celle des jeunes compositeurs — sera gagnée à peu de frais. Il devient donc impossible de nous refuser à l'avenir l'essai d'ouvrages nouveaux.

Le principal argument que faisait valoir le précédent administrateur, lorsqu'il s'agissait de sortir du vieux répertoire et des traductions se trouvant ruiné par la modique dépense qu'on vient de faire pour monter *Erostrate*, nous adjurons donc M. Halanzier de ne pas se décourager et d'exécuter en toute bonne foi, comme son cahier de charges l'y oblige, d'ailleurs, et de temps en temps, un nouvel opéra français. Cette résolution lui fera d'abord grand honneur en attendant qu'elle lui donne profit, ce qui ne peut manquer d'arriver un jour ou l'autre.

Pour en revenir à la partition de M. Reyer qui attendait son heure sans qu'elle sonnât jamais, *Erostrate* fut représentée à Bade deux fois, et avec un certain succès, il y a quelques années. Il est donc souverainement injuste de reprocher, comme on vient de le faire, à M. Reyer d'avoir donné aux étrangers la primeur de son œuvre. Les directeurs français s'obstinant à ne pas jouer leurs compatriotes, ceux-ci sont bien obligés, de guerre lasse, de demander l'hospitalité à nos voisins. Il est même surprenant que le cas de M. Reyer ne se soit pas présenté plus souvent ; la chose me paraît même regrettable, au point de vue de l'avancement général de l'art et de la notoriété de nos compositeurs.

Erostrate date donc de loin, et l'on aurait par conséquent mauvaise grâce à demander à son auteur autre chose que ce qu'il avait mis dans la *Statue*, œuvre de la même époque, où l'on trouve la preuve marquée de l'instinct musical joint à l'inexpérience malgré la recherche d'effets ambitieux. Depuis lors, M. Reyer a dû travailler, et le talent d'écrivain venir en aide à son inspiration. Il eût donc été préférable de le juger dans sa manière récente et améliorée ; avec un ouvrage nouveau ; on y viendra, je pense.

La critique se montre sévère pour *Erostrate*, et cela tient peut-être, dans une certaine mesure, au peu de sympathies que compte M. Reyer dans le monde des artistes. Cependant, son feuilleton musical n'a rien d'agressif ; il est plutôt d'une bienveillance mesurée. Il n'en fait jamais une arme de menace ou un levier pour forcer les portes. On ne saurait, non plus, blâmer outre mesure M. Reyer de garder ses louanges pour les morts illustres, et surtout pour Berlioz auquel il succède avec talent aux *Débats*, sans toutefois le remplacer.

Erostrate n'a pas d'ouverture ; on n'y trouve qu'une courte Introduction, malgré le beau sujet qu'offrait l'incendie du temple d'Ephèse pour une symphonie ; mais M. Reyer n'est pas positivement symphoniste.

L'introduction annonce le chœur des prêtresses : « Entendez nos voix, blanche Phœbé, » et celui des suivantes : « Sur nos luths d'Ionie. » Tous deux affectent une grande simplicité, et l'on se plaît à les écouter, en songeant qu'ils sont à cent lieues des principes de l'école dite de Weimar, que préconise souvent M. Reyer, si toutefois on peut appeler — école, un genre de composition où sont entassés pêle-mêle, comme dit M. Benedict

Jouvin, « des diamants, des verres cassés et des tessons de bouteilles. »

Les récits de Rhodina et d'Athénaïs se rellient entre eux par un dessin assez original de l'orchestre, en rhythme binaire et ternaire que l'on remarque en passant. La phrase : « Scopas dont le nom vanté, un jour se dira du Pirée à l'Euphrate, » n'a pas produit d'effet, ainsi que la suivante : « La gloire est le vrai bien. »

Une inspiration très heureuse, charmante, est celle qui a présidé aux couplets de Scopas : « O Vénus la blonde ! » Ils sont mélodiques et bien écrits pour la voix. L'alto, sous les doigts de M. Viguier joue le principal rôle dans l'accompagnement. Cet effet particulier concourt à celui produit par l'ensemble du morceau, bien qu'il soit loin de la richesse des traits et des harmonics de la partie d'alto qui accompagne avec tant d'élégance la romance de Raoul dans les *Huguenots*.

Les récits mélopiques qui précèdent les couplets de Scopas sont écrits violemment pour la voix du ténor ; mais le duettino suivant en *la bémol* : « Oui, nous irons à Mytilène » est une composition pleine de charme et de grâce, très-vocale et poétiquement orchestrée ; je la loue sans réserves.

J'apprécie beaucoup moins le chœur : « Le monde entier chantant sa gloire. » Pour parler franc, je ne l'apprécie pas du tout, son rhythme et sa mélodie de ce chœur frisent parfois la vulgarité.

Ce n'est pas sans un profond étonnement que nous avons vu Mlle Agar paraître sur la scène de l'Opéra pour y venir dire les vers de Chryséis ; nous la croyions bien loin ! Les vers qu'a débités cette muse *communarde* méritaient une bouche plus digne. Le mélodrame musical qui les accompagne est discrètement mélodique, mais sans grande originalité.

Cette phrase d'Athénaïs : « La fille de l'Erèbe étend ses voiles sombres » a beaucoup de style. Son accompagnement joignant le charme à la profondeur est bien dans le sentiment de la scène du sommeil.

Le premier acte se termine par un duo entre Athénaïs et Erostrate, coupé par un chœur, le tout plus déclamatoire que chantant. L'instrumentation en est sonore. Sur l'enchaînement harmonique et si souvent rompu des trémolos se trouve-t-il des idées symphoniques d'une valeur réelle ? Je ne le crois pas. Cela me semble gros, mais vide. Toutefois, il faudrait peut-être entendre plusieurs fois le morceau pour le juger en dernier ressort. Il appartient évidemment, quoique de très loin, au genre mélopique de M. Wagner.

Comme on peut le voir, d'après cette analyse, tout annonçait une bonne soirée, si le second acte eût égalé le premier. Hélas ! il n'en est point ainsi. Son introduction est terne. J'en dirai autant du premier air d'Erostrate : « Les rois m'ont admis à leur cour. » L'*andante* en est froid, l'*allegro*, malgré son agitation, n'a qu'une chaleur factice. C'est beaucoup de bruit pour rien.

La scène entre Rhodina et Erostrate est une de ces mélopées dramatiques qu'affectionnent M. Reyer. L'intérêt musical y est médiocre, bien qu'on y retrouve avec plaisir la première mesure de la charmante romance de Scopas au premier acte.

Par son importance scénique, le duo d'Athénaïs et de Scopas : « Le ciel jaloux brisa l'offrande » devient l'un des morceaux les plus importants de l'ouvrage. Il est dramatique, sans que l'inspiration en soit bien soutenue. Quelques élans se font jour dans le motif final en *mi bémol* ; ce duo appartient à la manière de Donizetti, et c'est fâcheux pour un Wagnérien tel que M. Reyer.

Le second air d'Erostrate : « Oui, dicte-moi la loi suprême, » quoique supérieur au premier, n'a pas beaucoup plus de relief.

Que dire du duo suivant entre Athénaïs et Erostrate, si ce n'est que l'*adagio* se dégage de tout le bruit qui l'enveloppe ? Sa mélodie naturelle repose un instant d'un fracas disproportionné et d'une orchestration lourde, empâtée pleine de non valeur, qui écrase à tout instant les voix dans ce deuxième acte. Car enfin, il faut bien le dire, le bruit qui nous est reste dans l'oreille n'est pas plus de l'instrumentation symphonique que les cris ne sont de l'éloquence.

L'ouvrage se termine par un trio avec chœur dont les accents ne manquent pas d'une certaine puissance.

Nous l'avons dit, au début de ce compte-rendu, *Erostrate*, né avec la *Statue*, devait se faire remarquer par les mêmes défauts et par les mêmes qualités, bien que le second des deux opéras l'emporte sur le premier.

On a parfois comparé les dons naturels de M. Reyer avec ceux de M. Félicien David. Serait-ce parce qu'ils ont habité l'un et l'autre l'Orient ? Dans la mélodie rêveuse, on trouve entre eux quelque analogie. Tous deux chantent bien sur les vers poétiques et doux. Mais là s'arrête la ressemblance. M. F. David possède un talent d'écrivain qui lui permet de réaliser et d'exprimer clairement sa pensée. Il sait tirer parti des moindres choses, mettre en relief les plus petits incidents, et c'est précisément ce talent-là qui manque à M. Reyer, ou manquait à l'époque où il écrivait *Erostrate* et la *Statue*. Lorsqu'il lui sera donné de faire entendre son opéra : *Sigurt*, il détruira certainement les observations que nous venons de noter. Nous nous sommes appliqué à rester juste envers un musicien que les traits acerbes de la critique et du public ont percé de part en part, en appelant de tous nos vœux une revanche à sa défaite de lundi.

24 octobre 1871.

HENRI REBER.

MEMBRE DE L'INSTITUT.

Peu de jours après qu'il appelait M. A Thomas à la direction du Conservatoire, le ministre de l'Instruction publique nommait M. Henri Reber, inspecteur des succursales que cet établissement possède en province.

Avant l'honneur que nous avait fait M. Maurice Richard, alors ministre des Beaux-Arts en nous nommant de la commission, chargée de réformer l'administration et les études au Conservatoire, nous ne connaissions pas la personne de M. Reber, qu'on connaît très-peu d'ailleurs tant il vit à l'écart, mais nous avions toujours eu pour son œuvre une très-haute estime.

Voilà plus de trente ans que M. Reber faisait exécuter à Paris ses premières compositions. Aujourd'hui, il est professeur de composition au Conservatoire, officier de la Légion d'honneur et membre de l'Institut de France. Tels sont ses titres. Ses œuvres, les voici : il a écrit des mélodies, ou, pour me servir d'une expression allemande, faute d'en trouver une bonne en français, des *lieders*, d'une grâce, d'un coloris, d'une délicatesse de style et d'un sentiment qui le placent au premier rang dans ce genre. Il a donné plusieurs opéras-comiques, entre autres la *Nuit de Noël*, le *Père Gaillard*, les *Papillotes de M. Benoist* dans lesquels se trouvent des morceaux de maître, et une partie d'un délicieux ballet : le *Diable amoureux*. Il a composé des symphonies que la Société des concerts exécute trop rarement enfin de la musique de chambre, dans laquelle ou il excelle.

Cependant le nom de M. Henri Reber est peu connu du grand public. Il n'est pas populaire. Ajoutons que M. Reber ne semble pas tenir beaucoup à cette popularité dont tant d'artistes sont jaloux. En effet, rien dans le caractère de ses ouvrages ne prouve qu'il l'ait recherchée. S'il est vrai que l'artiste à succès est presque toujours expression de la société dans laquelle il vit, on ne doit pas s'étonner que M. Reber ait travaillé sans grand souci de la popularité, dans une époque avec laquelle il est en désaccord. Sa muse est chaste, et ce n'est pas précisément ce mérite que notre temps apprécie. En toutes choses, même en musique, on aime à cette heure le *salé*, comme disait Saint-Simon.

Si M. Henri Reber est presque ignoré de la foule, en revanche il a des partisans convaincus, et nous devons dire que ceux-ci sont les juges les plus autorisés et les plus sévères. Ce dédommagement en vaut bien un autre.

On accuse M. Reber d'imiter le style des vieux maîtres, entre autres celui de Haydn. Pour ma part, je ne saurais l'en blâmer. Mais, n'a-t-on pas aussi reproché longtemps à M. Ingres de s'être inspiré de Raphaël? Et, en définitive, le peintre de l'apothéose d'Homère n'en reste pas moins la plus grande personnalité de la peinture contemporaine.

M. Reber n'a donc pas eu tort de choisir Joseph Haydn pour modèle. D'ailleurs quoiqu'on fasse on est toujours le fils de quelqu'un ; et il ne nous serait pas difficile de montrer que les artistes qui ont rompu avec la tradition, méconnu les enseignements des grands génies du passé, resteront comme des accidents, le plus souvent malheureux dans l'histoire de l'art, sans pouvoir prétendre jamais à une place dans la chaîne des illustrations immortelles.

Si donc, M. Reber s'affirme comme un petit-fils de Haydn, nous ne saurions que l'en féliciter hautement. Si sa musique n'est pas populaire, le tort en retombe sur la foule dont le goût n'est ni cultivé, ni délicat. Ajoutons que M. Reber semble avoir abandonné le théâtre, qu'il vit et travaille loin du bruit et des coteries. C'est un caractère. Tout cela n'aide pas la réputation dans le présent ; mais à bien considérer les choses, c'est encore le meilleur moyen de marquer sa place dans l'avenir.

LÉON KREUTZER

Léon Kreutzer, bien Français malgré son nom germain, était neveu du célèbre violoniste Rodolphe Kreutzer, l'émule de Viotti, le rival de Rode et de Baillot, l'auteur d'une *Lodoïska*, d'une *Jeanne d'Arc*, de *Paul et Virginie* et de *la Mort d'Abel*, ouvrages très-estimés représentés au théâtre-Italien et à l'opéra, mais oubliés aujourd'hui.

En lisant la biographie des *Musiciens célèbres*, par M. Félix Clément, j'ai retrouvé la poëtique image de Marie-Antoinette, protégeant les premiers pas du jeune R. Kreutzer, qui charmait les loisirs de la reine par la pureté de son chant et son habileté de violoniste.

Premier violon de la chapelle du roi, lors de la mort de son père, il obtint bientôt la même position au Théâtre-Italien. De retour de ses voyages en Allemagne et en Italie, il fut nommé professeur de violon au Conservatoire, et enfin chef d'orchestre à l'Opéra, en 1817. Mort à Genève, en 1831, il mérita par ses travaux une place honorable parmi les compositeurs de second ordre, fut l'ami de Berlioz et l'élève de Liszt comme pianiste.

Léon Kreutzer, son neveu, né à Paris, le 23 septembre 1817 et mort en 1868, avait appris les premiers éléments de la composition de M. Benoit, professeur au Conservatoire. Mais la règle stricte ne pouvait suffire à un esprit aussi ardent que le sien, et il s'en affranchit bientôt pour ne suivre que sa propre inspiration. Associé par tempérament, par l'indépendance de son caractère et de ses principes, au mouvement romantique musical dont le chef d'alors était Berlioz, Léon Kreutzer sut cependant conserver, presque toujours, dans la forme, un ordre excellent des parties ; aussi, se rattache-t-il, par ce côté, bien plus à Mozart et à Beethoven qu'à Berlioz.

Travailleur capricieux et solitaire, ennemi du bruit et de la réclame, exclusif, passionné pour le grand art, indifférent sur ses intérêts artistiques ou autres, compositeur d'un talent solide et original, « Kreutzer aurait pu, dit Fétis, prétendre à des succès plus éclatants, si, se tenant moins à l'écart et plus soigneux de sa renommée, il se fût donné quelque peine pour faire connaître ses œuvres, très-variées d'ailleurs, et s'il eût attaché plus de prix à l'opinion publique ;

car c'est un mauvais refuge que celui du dédain pour l'opinion : on n'y porte jamais qu'un esprit mécontent. »

Cette mauvaise humeur, dont parle Fétis, ne perçait pas cependant dans ses feuilletons de l'*Union*, remarquables par le fond et par l'esprit qu'il y dépensait. Mais autant que nous avons pu en juger nous-même, et, surtout, de l'avis de ses amis, Léon Kreutzer n'aimait et n'estimait que le travail. Et encore sa main se refusait-elle à écrire ce que son imagination ardente et singulière lui dictait.

Pour cette partie matérielle, il avait recours à un secrétaire ; le travail de plume, si long pour le musicien, lui était devenu tout à fait insupportable dans les dix dernières années de sa vie. Il avait choisi pour l'aider dans cette tâche, un musicien d'orchestre, habile et consciencieux, M. Schœffer, qui saisissait rapidement, devinait presque la pensée que Léon Kreutzer, exprimait au piano, ou notait sur de petits morceaux de papier, dont il réglait les portées.

Léon Kreutzer, héritier de son oncle Rodolphe, qui lui avait légué une assez belle fortune, a laissé par testament une somme importante pour la publication de ses œuvres complètes. Son œuvre considérable d'ailleurs, se compose de musique dramatique, de musique symphonique, de musique de chambre, de musique d'église, de musique de ballet et de mélodies. Les soins de cette édition ont été naturellement confiés à M. Schœffer. Nous avons là, sous nos yeux, un magnifique spécimen, gravé sur planche dans le grand format des partitions de Lulli.

Il faut convenir que si c'est là le format de l'œuvre entière, le prix en doit être tellement élevé qu'il exclut toute popularité. On nous assure que Kreutzer l'a voulu ainsi ; il aurait donc même, par delà le tombeau, interdit aux profanes la connaissance des travaux qui resteront l'honneur de sa vie ! Tirées à un petit nombre d'exemplaires, ses œuvres seraient offertes, d'après sa volonté, aux bibliothèques publiques de l'Europe et à quelques amis. On nous cite parmi ceux-ci : Berlioz, Joseph d'Ortigue, tous deux morts aujourd'hui ; MM. Ferdinand Hiller, Liszt, Damke, Wagner, Vaucorbeil, Heller, Armand de Pontmartin, Gasnaud, Mlle de Thonige, Chardin, dont le beau portrait à l'eau-forte de Kreutzer ornera la première page de l'édition complète d'œuvres peu connues en général.

Sans connaître intimement Léon Kreutzer, nous ressentions pour lui de vives sympathies, et lorsque, par grand hasard, il nous conviait à quelque audition, nous n'avions garde de manquer au rendez-vous. C'est ainsi que nous avons entendu sa *Messe* à double chœur (1) ses belles symphonies en *fa* et en *si bémol* et son

(1) Le style de la messe de Léon Kreutzer est sévère toujours, grandiose quelquefois, touchant dans certains passages. On y sent une âme calme se complaisant dans son sujet, et ne cherchant pas dans des réminiscences théâtrales des jouissances que l'idée religieuse doit éloigner. Cette messe n'est certainement pas faite pour les sens émoussés d'une foule élégante et frivole, mais elle touchera les âmes nobles et plaira aux esprits austères.

L'entrée des fidèles dans le temple s'annonce par un Prélude d'une belle sonorité.

Écrite pour deux chœurs et orchestre, cette messe débute par un *Kyrie*, l'un des meilleurs morceaux de l'ouvrage. C'est puissant dans l'inspiration et dans la forme, et d'un caractère éminemment religieux.

L'idée inspiratrice du *Gloria*, ne se dégage pas tout d'abord. Mais plus tard il s'éclaire de lueurs célestes. La phrase *Qui tollis* est magnifique. J'en dirai autant du finale ; une belle fugue.

J'aime moins le *Credo*, en mineur, où manque l'élan, et qui se termine également par une fugue un peu trop sobre. Cependant il se rencontre dans le *Credo* un effet saisissant, sur le *Crucifixus* ! Les chœurs articulent cette parole accompagnés par la grosse caisse, briève-

grand *concerto* pour piano et orchestre, exécuté par Mme Massard, au Conservatoire, et dans les salles Erard et Pleyel, *concerto* que Berlioz considérait comme le plus beau qu'on ait écrit depuis Beethoven.

Pour ma part, je suis toujours sorti de ces auditions avec cette conviction que Léon Kreutzer serait un jour classé parmi les maîtres les plus estimés.

Qu'il ait usé sa vie un peu à la façon de Musset, qu'il ait dédaigné l'opinion publique, ne se souciant que de quelques rares suffrages, vivant à l'écart, replié dans sa conscience d'artiste, se reposant, dans les dernières années, sur le dévouement de sa femme qui ne lui survécut guère; que les excentricités de son caractère aient nui à sa réputation présente, voilà ce que chacun sait. Il n'en laisse pas moins une œuvre très-importante, à laquelle cette opinion publique dont il ne recherchait point les fa-

---

ment, avec un accent pénétrant, où l'on sent la vie s'éteindre.

Une voix d'enfant entonne le *Sanctus*, soutenue faiblement par les violons. La phrase du ténor, reprise par la basse, est très-belle de sentiment extatique. Ce morceau, ainsi que l'*Offertoire*, le *Benedictus* et l'*Agnus Dei*, sont d'une belle inspiration et écrits en perfection.

veurs, rendra justice; c'est, du moins, pour moi, une certitude.

Il y a dans ce bel héritage qu'il nous lègue, une vie, un souffle, une originalité et parfois une puissance, qualités exprimées dans une forme qui, tout en étant parfois entachée de bizarrerie, n'appartient pas moins à la langue des plus grands musiciens.

Moins heureux que son oncle, Léon Kreutzer a disparu, non-seulement ignoré du public, mais encore de la plupart de ses confrères. Il a travaillé pendant trente-cinq ans, ignoré même de la direction des Beaux-Arts, sous plusieurs gouvernements, sans que jamais aucune faveur ne soit tombée sur cet artiste qui méritait toutes les attentions.

L'avenir dira qu'un grand musicien français a pu vivre, parmi nous, sans être aperçu de ceux-la mêmes qui ont pour mission de chercher, de découvrir les artistes de les produire au grand jour et de les honorer.

9 juillet 1872.

IL MATRIMONIO SEGRETO.

Il matrimonio Segreto, qu'on vient de reprendre à la salle Ventadour pour la rentrée si longtemps et si vivement désirée de Mme Alboni, est l'un des chefs-d'œuvre d'un des plus grands compositeurs de l'école napolitaine. Cette école fameuse inventa le genre bouffe, dont l'un des premiers représentants fut Fioravanti, maître inconnu à notre génération, et auquel le Théâtre-Italien ferait bien d'emprunter un ouvrage.

Cimarosa écrivit à Vienne en 1792, le *Mariage secret*. L'effet en fut tel que l'empereur Léopold ayant donné à souper aux chanteurs et aux musiciens de l'orchestre, à l'issue de la première représentation, les renvoya ensuite au théâtre afin qu'ils recommençassent la pièce pour lui seul et sa Cour. L'année suivante, Cimarosa retournait à Naples où le *Mariage secret* fut joué soixante fois de suite; c'est l'un des succès les plus éclatants qu'ait enregistré l'histoire de l'opéra italien.

Une telle musique vocale ne pouvait être inspirée que par ces merveilleux virtuoses qui, pendant un siècle, enchantèrent l'Italie et l'Allemagne elle-même, où la musique italiennne était en grande vogue.

On ne pourrait pas davantage concevoir que Beethoven eût écrit ses prodigieuses symphonies, si les orchestres allemands d'alors n'eussent point été capables de les exécuter à son gré. C'est qu'en effet, l'excellence des interprètes aide puissamment à la conception des œuvres. Aussi devons-nous faire de grands efforts aujourd'hui pour reconstituer une école de chant et pour maintenir la supériorité de nos orchestres, si nous voulons parler à l'imagination des compositeurs.

Il matrimonio segreto n'est pas seulement une œuvre scénique d'une vérité d'expression frappante, c'est encore l'un des chefs-d'œuvre de la musique vocale. Certes, c'est un grand art que celui de l'instrumentation ; connaître les mille ressources de cette réunion d'instruments qu'on pourrait nommer un orgue humain ; savoir les faire parler tantôt avec puissance, tantôt avec délicatesse ; fondre tous les timbres, les faire résonner en *soli* ou les réunir les envelopper dans des combinaisons dont la variété est infinie; les broyer pour ainsi dire comme le peintre broye ses couleurs, pour en former une palette de sonorité avec laquelle le musicien projette la lumière et les ombres, d'où sortira, plus saisissante encore, l'idée musicale dans toute sa parure; je le répète, c'est là un grand art.

C'est celui qu'ont préféré les musiciens poëtes, ceux dont l'imagination plane sans cesse dans un monde de sensations infinies et toujours renaissantes.

Mais, l'art de faire chanter la voix humaine, souffle sonore et interprête sublime de nos sentiments, celui-là est grand aussi. Et si le timbre d'une clarinette, d'un basson ou d'un cor, les cordes d'une basse, d'un violon ou d'une harpe sont des éléments précieux entre les mains d'un artiste, qui pourrait dire que la voix de l'homme ne l'emporte pas sur eux, en beauté et en expression positive? Ce don charmant de faire chanter les voix, l'école italienne l'a possédé presque seule, et à un degré tel que, du jour où il cessa de grandir, il ne put que s'affaiblir. Pourquoi donc faut-il que les compositeurs modernes l'aient négligé dans l'opéra?

. . . .

L'élément symphonique introduit au théâtre par

les Beethoven, les Cherubini, les Weber, les Meyerbeer, sont assurément des progrès incontestables, des richesses admirables qui viennent ajouter encore à l'expression générale et au coloris du drame, à la condition, toutefois, que cet élément nouveau n'étouffera pas les voix. Aussi ceux qui, privés de ce don merveilleux de bien chanter, déplacent l'intérêt musical, l'enlèvent à la scène pour le mettre dans l'orchestre, ceux-la ne commettent pas seulement une faute contre la logique, il montrent encore leur impuissance à comprendre et à rendre les sentiments que, seule, la musique vocale peut exprimer, parce qu'elle emprunte à l'homme la parole elle-même.

Peut-être dira-t-on que ces considérations seraient mieux à leur place s'il s'agissait de *Fidelio* ou de *Guillaume Tell* mais nous soutenons, nous, qu'elles trouvent aussi leur application dans cet opéra *buffa* qui s'appelle : *Il Matrimonio segreto*. Je sais qu'il fait sourire certains musiciens qui le trouvent démodé dans ses formes. Néanmoins on ne saurait trop les engager à l'étudier de plus près. Ils verront là un admirable exemple de la phrase mélodique dans son « sujet » et dans ses développements naturels. Là, rien de brisé, de haché ; toute phrase s'y enchaîne à l'autre dans une homoginéité parfaite ; c'est le souffle pur de la pensée musicale, jaillissant d'un jet, sans le moindre effort.

Il serait trop long d'analyser les nombreux morceaux de cet opéra, et nous nous contenterons d'en citer quelques-uns, parce qu'ils sont autant de modèles qu'on ne saurait trop imiter, et que de petits esprits ou des ignorants peuvent seuls dédaigner. Au premier acte, le duo entre Paolino et Carolina, commençant ainsi : *Cara, cara ;* le trio des trois femmes : le *Faccio un inchino*, l'air de Fildama : *E vero che in casa io sono,* le quintetto : *Sento in petto un freddo gelo ;* le duo entre Paolino et le comte. Au deuxième acte, l'air célèbre de ténor : *Prio che spunti ;* le récitatif et l'air de Carolina, servant d'introduction au quintette : *Deh ! lasciate ch'io respiri*, récit d'un pathétique qui n'est égalé que par les accents de dona Anna dans *Don Juan ;* enfin le duetto de la fuite entre Paolino et Carolina : *Deh ! ti confortato cara !*

Voilà ces modèles dont nous ne saurions trop conseiller l'étude aux jeunes compositeurs ; modèles de grâce, de sentiment et d'expression vraie ; car c'est une erreur de dire que la musique se trouve ici en désaccord avec les paroles, erreur dont on accuse toute la musique italienne ; bien loin de là, la musique se montre au contraire en concordance parfaite avec le texte.

O farceurs, inventeurs de l'incompréhensible, extracteurs de bizarreries, entassez rhythmes sur rhythmes, accords sur accords, sonorités sur sonorités, modulations sur modulations ; tourmentez votre esprit, déchirez-nous l'oreille, comme vous nous en menacez dans certaine préface, vous ne trouverez jamais rien de comparable aux beautés du *Matrimonio segreto*. Et je vous mets au défi de créer seize mesures d'un seul souffle, allant, pour seule modulation, de la tonique à la dominante, seize mesures qui s'approchent de cette grâce, de cette élégance, de ce naturel qui caractérisent les mélodies de Cimarosa. Ce simple procédé harmonique, cette horreur de la cadence parfaite, que vous dédaignez, on sait pourquoi, c'est celui sur lequel ont le plus spéculé les Haydn, les Mozart et les Cimarosa.

Oui, la vraie difficulté est là dans le simple, et non dans la torture que vous infligez à la langue. Aussi, votre agitation est-elle le plus souvent stérile. Considérez les *cocasseries littéraires* funambulesques, les épithètes baroques, les rimes curieuses; les césures brisées de nos poétaillons du jour, et dites-moi si elles sont un progrès sur la langue de Lafontaine. Ce même naturel du fabuliste, qu'avaient en musique ces grands génies, est un don de la nature et vous ne l'avez pas reçu.

Ces considérations vous paraîtront probablement surannées, comme les principes que je défends et que vous ne trouvez pas plus jeunes. Je sais que vous ne tenterez pas l'épreuve, car elle signalerait trop haut votre impuissance dans l'art de créer le beau chant. Vous resterez les amoureux du vague, du bizarre et du laid ! Cultivez-les donc, aussi bien vous ne sauriez produire autre chose. Faites de la « poussière musicale », le mot est de vous, et qu'elle vous emporte au diable !

Quant à Cimarosa, tant qu'il y aura des admirateurs du naturel, de l'esprit de la grâce et du sentiment, de tout ce qui en un mot constitue le Beau ; tant qu'il existera des âmes honnêtes, pourrai-je dire, il ne manquera pas de partisans. Cimarosa restera dans l'histoire comme le trait-d'union lumineux qui relie Mozart à Rossini.

Nous glisserons sur l'interprétation du *Matrimonio segreto* aux Italiens, dans cette saison laborieuse de 1872. Plusieurs morceaux ont été supprimés, entre autres le beau duo entre le comte et Paolino, le trio si comique entre les deux soprani et la basse : *Cosa fareti via superlate.* On a trouvé, sans doute, que ce dernier morceau, qui dure à peine deux minutes, « faisait longueur. » Par sa verve comique, il est d'un effet certain, aussi est-il toujours et partout bissé. Ajoutons que, précédant le récitatif dramatique de Carolina, il double l'effet de celui-ci. C'est une faute de supprimer ce trio, en même temps qu'une irrévérence. Quand donc les metteurs en scène et les artistes voudront-ils bien ne pas préjuger des goûts du public ! Se trouvera-t-il toujours dans les théâtres de ces Polonius, comme les appelait Berlioz, qui coupent, tranchent à droite et à gauche, sans savoir ce qu'ils font. Vous verrez qu'un jour il s'en rencontrera un qui proposera de retrancher le duo du quatrième acte des *Huguenots*, sous prétexte qu'il fait longueur ! c'est l'expression consacrée.

La voix de M. Gardoni s'éteint, hélas ! Ne pouvant plus chanter le rôle, il l'a murmuré avec talent et distinction. M. Borella, la basse, possède une certaine verve ; il en a peut-être trop. Il prend pour de la gaieté ce qui n'est que bruit et agitation. Le personnage du comte de Robinson exige une basse chantante, c'est-à-dire qui sache chanter ; or, j'en suis fâché pour nous et pour M. Monari-Rozza, mais il n'a ni voix, ni art. Mlle Rubini fait ce qu'elle peut, mais son jeu laisse encore beaucoup à désirer.

Sur Mmes Alboni et Penco retombait donc tout le poids de cette première représentation. Toutes deux l'ont supporté à leur gloire. Mme Alboni joue et chante le rôle de Fidalma comme il ne le sera plus après elle. Mme Penco déploie dans celui de Carolina toutes les ressources de son talen si souple. Obligée de lutter contre le diapason constamment très-élevé dans ce rôle, elle n'en a pas moins triomphé des obstacles avec une rare adresse, et l'on s'est à peine aperçu de ses efforts.

Le public paraissait surpris en écoutant cette ravissante partition, moins brillante certainement, mais d'un style plus élevé peut-être, que son pendant : *Il Barbiere*. Cet étonnement du public s'explique par le fait que les interprètes n'en connaissent plus l'accent et que l'instrumentation elle-même, si fine, si discrète, si spirituelle, si élégante et par certains côtés si scénique, est plutôt effleurée que rendue.

Heureux ceux qui ont entendu le *Mariage secret*, au beau temps de la salle Ventadour ! Ah ! pourquoi faut-il qu'un révolutionnaire bruyant soit venu rompre la tradition de cette charmante école italienne ! Comment, en effet, chanterait-on les chefs-d'œuvre dans leur style, au lendemain du jour où l'on s'est égosillé à chanter *Il Trovatore?*

23 avril 1872.

ACIS ET GALATÉE

CANTATE DE HANDEL

Il existe à Paris une Société chorale, inconnue du grand public parce qu'elle est encore modeste dans ses moyens d'exécution, mais qui a droit aux sympathies générales que les artistes et un certain nombre d'amateurs lui accordent déjà. Cette Société, fondée il y a peu d'années par M. Bourgault-Ducoudray, grand prix de Rome, dans le but de faire enfin connaître, en France, les œuvres de la grande école de musique chorale, dont S. Bach et Handel sont les plus illustres représentants, n'a trouvé, jusqu'ici, ni patrons puissants ou riches ; elle ne doit son existence qu'aux efforts personnels, à la persévérance de son jeune fondateur, efforts constants que l'Etat encourageait naguère par une modique allocation qu'il voudra certainement augmenter quand les ressources du budget le lui permettront.

M. Bourgault-Ducoudray nous donnait en 1869 : la *Passion* ; en 1870 : la *Fête d'Alexandre*, et mercredi dernier : *Acis et Galatée*, trois œuvres de Handel.

Bien que composés exclusivement d'amateurs, les chœurs de la Société Bourgnault-Ducoudray n'en ont pas moins déjà conquis le premier rang parmi les sociétés chorales. Aux prises avec les difficultés que rencontre l'exécution de la musique du XVIIIe siècle, ces amateurs, animés du feu sacré, conduits et instruits par un chef ardent, érudit et plein de goût, en ont triomphé ; et c'est vraiment un plaisir singulier que d'entendre chanter et vocaliser ces voix fraîches, jeunes et vigoureuses, dans la langue complexe du contre-point.

Les plus grandes choses ont eu de petits commencements ; aussi ne désespérons-nous pas de voir grandir cette Société si intéressante, unique en France, et de la voir marcher sur les traces de la grande Société-Handel, de Londres. Pour qu'elle parvienne à ce résultat, il faut que les amateurs répondent à l'appel désintéressé de M. Bourgault-Ducoudray, qui consacre sa petite fortune à l'existence de cette fondation, que le public la connaisse et que l'administration des Beaux-Arts, continue à l'encourager, comme elle vient de le faire.

La musique de Handel, qu'il m'a été permis d'entendre plusieurs fois, en Angleterre, a quelque chose qui produit sur moi une impression particulière qu'aucune autre ne m'a donnée.

Si Haydn séduit mon oreille, si Mozart et Rossini me charment et m'enchantent, si Beethoven m'émeut et m'emporte dans les plus hautes régions où l'âme humaine se soit élevée, Handel m'entraîne à sa suite par une irrésistible impulsion. Comment en serait-il autrement d'une musique héroïque, dont le rhythme semble frappé par des marteaux de bronze.

Plusieurs fois, nous avons entendu disserter sur la musique de Handel, les uns avec une admiration passionnée, les autres dans des termes plus mesurés. Ceux-ci, et je ne prétends pas qu'ils aient tort, font leurs réserves, et pour l'apprécier, ils s'en prennent aux conditions mêmes de la langue musicale de l'auteur du *Messie*.

Malgré son génie grandiose, le maître n'a pas échappé, disent-ils, à une certaine monotonie. Mais on doit reconnaître qu'il était pour ainsi dire condamné à cette monotonie par la constitution en quelque sorte mathématique de cette langue. En effet, pas un motif, pas un sujet mélodique, pas un dessin qui ne soit, chez Handel, accompagné de développements obligés, de conséquences forcées qu'un esprit cultivé ne pressente à l'avance. Voilà donc une critique absolument fondée. Handel, pas plus que Bach, pas plus que tous les contrapontistes, n'a pu se soustraire aux exigences d'une forme avec laquelle on ne songeait point à rompre.

A ce point de vue, un critique savant trouvera nombre d'arguments qu'il invoquera contre la musique de Handel. Et, pour ne traiter qu'un seul point, il est certain, par exemple, que la basse continue dans chaque morceau, chez le maître de Halle, présente une persistance qui peut fatiguer à la longue. Nos oreilles modernes, habituées aux éléments chromatiques s'étonnent en entendant une musique d'un genre presque exclusivement diatonique. Cela est vrai. Mais ce qui n'est pas moins vrai, c'est la puissance tonale chez Handel, puissance telle qu'il n'y a jamais d'indécision, de doute pour l'oreille, si bien qu'elle ne s'égare jamais.

Ce grand musicien est bien d'un temps qui ne connaissait ni nos rêves, ni nos mélancolies, ni nos aspirations compliquées, et encore moins nos mièvreries sentimentales. Sa langue est donc bien l'expression nécessaire aux sentiments simples, francs, sains, forts, naturels, la langue qui répond le mieux aux idées définies.

Le romantisme en musique n'était pas né alors, et au point de vue de l'histoire de l'art, on ne doit pas le regretter ; car nous n'aurions pas la jouissance d'y trouver la symphonie avec chœur de Beethoven, après la *Fête d'Alexandre*, de Handel, et la *Passion* de S. Bach, œuvre sublimes, écrites dans deux langues différentes, mais qui toutes deux ont leurs beautés.

L'inspiration héroïque, grandiose, architecturale de Handel est sortie de la science, de l'harmonie elle-même ; la fugue, dont il est un des grands maîtres, est sous sa main puissante, la forme nécessaire où résonnent le mieux les masses vocales, les voix du chœur antique, la voix populaire dans toute sa vérité, dans toute sa force, avec ses élans, avec ses prières, avec ses clameurs.

Il y a certainement dans Handel de beaux soli, de beaux fragments d'airs et de duos, mais c'est dans le chœur qu'il demeure vainqueur et qu'il trône. Il en avait le génie plus, peut-être, que son rival, S. Bach, et que peut-on dire de plus ? Tous deux, d'ailleurs, sont les premiers du genre. De leur temps, l'orchestre était très-restreint; donc ils furent conduits à traiter les voix pour ainsi dire symphoniquement en tirant des effets que l'instrumentation moderne aurait tort d'absorber.

J'arrive maintenant à l'exécution d'*Acis et Galatée*, dont on ne saurait trop féliciter M. Bourgault-Ducoudray, non-seulement à cause de la perfection qu'il lui a donnée, mais surtout pour le respect dont il l'a entourée. Ce n'est pas l'œuvre, réorchestrée par Mozart ou par l'irrévérencieux M. Costa, l'habile chef d'orchestre anglais, mais Handel lui-même, son œuvre, telle qu'il l'a conçue et écrite. Et malgré le sceau qu'a voulu imprimer Mozart à l'œuvre de l'un de ses prédécesseurs, nous n'inclinons pas moins à penser que les chefs-d'œuvre doivent être, avant tout, respectés, et par conséquent que M. Bourgault-Ducoudray fait bien de nous donner l'instrumentation même de l'auteur. Notre avis est que c'est un sacrilège de surcharger l'élément vocal, traité dans toute sa pureté, dans toute sa puissance et, comme je l'ai dit, symphoniquement par Handel, de sonorités instrumentales dont il peut se passer.

La pastorale d'*Acis et Galatée*, traduite par M. Sylvain Saint-Etienne, est l'une des œuvres légères du maître; son exécution, dirigée par le bras entraînant de M. Bourgault-Ducoudray, confiée à l'orchestre de M. Dambé et au piano de M. Saint-Saëns, remplaçant l'orgue, n'a rien laissé à désirer. Les soli étaient interprétés par Mmes Barthe-Banderali Isaac et peu MM. Leroy et J..., amateur distingué. Ces quatre solistes ont chanté leur partie avec beaucoup de soin et de goût. Les applaudissements chaleureux de l'auditoire, adressés surtout aux deux cantatrices, les en ont remerciés.

La partition d'*Acis et Galatée* se compose de trente morceaux, y compris l'ouverture, qui offre peu d'intérêt; c'est une page de facture de l'école du temps. Les chœurs occupent, comme toujours chez Handel, dans cette partition, le premier rang, au point de vue de la valeur musicale; parmi les plus beaux chœurs, citons le n° 14, un merveilleux chef-d'œuvre; le n° 26, le n° 27, où l'on remarque un charmant dialogue entre le hautbois et le violoncelle. Ces chœurs ont été rendus en perfection et tous les traits vocalisés entendus distinctement et chantés, chose difficile et rare, en *canto legato*.

Parmi les soli, citons l'air de *Galatée* : « Oiseaux ne chantez plus ainsi, » où les flûtes jouent la partie principale. Ces oiseaux charmants, qu'on entend dans l'orchestre, arrachés au bocage dès leurs premiers jours, ont, sans doute, fait leur éducation musicale sur le toit ou aux fenêtres de quelque maîtrise, car, dans leurs joyeux gazouillements on retrouve la cadence et les formules de l'école. Aussi peut-on dire que les oiseaux qui chantent dans la *Pastorale* de Beethoven, n'ont jamais habité que les bois, tandis que ceux de Handel sont de véritables oiseaux savants.

Je citerai l'air d'*Acis* : « Où te trouver, ma fleur d'amour ? » un air de *Galatée* : « Quand la Tourtelle, » d'un naturel et d'une grâce qui font déjà pressentir Haydn ; l'air de *Polyphème* : « J'enrage » avec son beau récit, véritable chant d'amour d'un cyclope à la fois bouffe et sauvage ; l'air de *Damon* : « O beau berger, » dont les triolets ont été exécutés avec charme et une remarquable agilité par Mme Isaac ; le trio de *Galatée*, d'*Acis* et de *Polyphème;* enfin le dernier air de *Galatée*, sur un délicieux accompagnement d'un rhythme *ostinato*, que Mme Barthe-Banderali a rendu dans des accents très-poétiques.

Si les morceaux de cette pastorale n'ont pas tous la même valeur, tous ont de la valeur. Il est bien à désirer qu'on les réentende l'année prochaine, que ces auditions se multiplient, qu'elles reviennent à époques fixes pour qu'enfin il se forme un public de musique chorale, comme il s'en est trouvé un pour la symphonie.

1872

P. S. — J'ai dit que M. Bourgault-Ducoudray nous avait fait entendre, en 1870, la *Fête d'Alexandre*. Il nous a rendu cet oratorio en 1873 et le succès en a été plus considérable encore qu'à la première audition.

La *Fête d'Alexandre* est une œuvre conçue dans les proportions les plus grandioses. La partie chorale y joue le principal rôle. Les voix y sont traitées, dans leur naturel régistre. L'air circule à travers toutes les parties, si savamment ordonnées, Jamais l'on n'y rencontre la moindre confusion; nulle part on ne trouve plus d'expression et plus d'éclat.

Ce qui caractérise tout particulièrement le génie de Handel, c'est la puissance de ses rhythmes. On a vu, l'autre soir, l'effet magique, entraînant, qu'a produit *Le Réveil d'Alexandre*, bissé avec enthousiasme. L'esprit a peine à concevoir comment, avec un orchestre aussi restreint que celui de son temps, il ait pu arriver à de tels effets. Quelles sonorités électrisantes n'a-t-il pas tirées des contre-basses, des timbales et des trompettes! C'est superbe, grandiose, titanesque! Il faut entendre ces oratorios à Londres exécutés par douze cents chanteurs et instrumentistes? C'est admirable! Et cependant nous prétendons que les Anglais ne sont pas musiciens! Si leurs banquiers, leurs lords, ne disent pas à tout propos qu'ils *adorent* la musique, en revanche, ils la protégent!

Tous les chœurs de la *Fête d'Alexandre*, malgré leurs difficultés, ont été dits en perfection par les cent vingt choristes de M. Bourgault-Ducoudray. Deux des solistes, MM. Bosquin et Bouhy, méritaient les applaudissements qu'on leur a prodigués, le premier dans l'ode à Bacchus et dans l'air du Combat; le second dans les récits et les deux airs du ténor. Voilà déjà plusieurs fois qu'il m'est donné d'entendre M. Bosquin dans la musique classique, où il fit avec succès ses débuts au théâtre Lyrique (l'*Iphigénie* de Gluck). Je dois dire qu'il semble fait pour l'interpréter. Sa voix, qui résonne peu dans la musique moderne, se développe, au contraire, dans les mouvements lents des chants des vieux maîtres. Le talent et le style de l'artiste, s'agrandissent au contact du Beau: aussi ne serions-nous pas surpris si, quelques jours, M. Bosquin obtenait un véritable succès dans les airs de l'*Armide* de Gluck, le jour où l'on voudra bien remettre au répertoire de l'Opéra.

LE MÉDECIN MALGRÉ LUI

à

L'OPÉRA-COMIQUE

L'Opéra-Comique a obtenu de M. Gounod l'autorisation de représenter un ouvrage composé, il y a quelques années pour l'ancien Théâtre-Lyrique : le *Médecin malgré lui*, et c'est avec un plaisir extrême que nous avons entendu la charmante musique inspirée par Molière. L'exécution de cet opéra, dont le genre entre tout à fait dans celui de la salle Favart, est presque parfaite. M. Ismaël, malgré les défauts de sa voix, a très-bien joué et chanté le rôle de Sganarelle, dont il a compris le caractère et rendu à souhait la verve comique. Aussi le public 'en récompense-t-il chaleureusement.

Après-lui, citons Mlle Decroix dans le rôle de Martine et Mlle Ducasse dans celui de Jacqueline ; la seconde marchant sur les traces de sa camarade, l'une des meilleures comédiennes qu'ait eu le théâtre de l'Opéra-Comique. Peut-être eût-on mieux fait d'intervertir les rôles, en faisant jouer la nourrice par Mlle Decroix, le rire gaulois ne convenant guère à la physionomie plutôt mélancolique de Mlle Ducasse. Toutefois on aurait tort de ne se pas montrer satisfait de l'interprétation de ces deux rôles.

MM. Nathan et Barnolt sont excellents dans ceux de Géronte et de Lucas ; seul, M. Coppel se montre bien froid dans le personnage de Léandre.

Cette partition de M. Gounod est, sans contredit, l'une des meilleures qu'il ait écrites. Il y a là une franchise d'inspiration qui étonne de la part d'un esprit rêveur et nuageux. Les chants sont bien en relief ; ils se dégagent nettement d'une instrumentation légère, spirituelle et tout à fait scènique.

Le reproche que je ferai à cet ouvrage c'est de manquer d'unité dans le style. Deux manières bien tranchées s'y font jour, en effet. L'une, qui est excellente, pastiche les musiciens du dix-huitième siècle ; l'autre, on ne sait pas pourquoi, ni à propos de quoi, se rattache souvent à l'école italienne bouffe de Donizetti. Certes, on comprend parfaitement qu'en s'inspirant de Molière, le compositeur ait été contraint d'emprunter aux vieux maîtres français, sinon leur inspiration, du moins leur style, et c'est ce que M. Gounod à su faire merveilleusement dans certains passages de son *Médecin malgré lui* ; mais rien, en vérité, ne l'excuse d'en avoir écrit d'autres dans le style de *Don Pasquale.*

Cette hésitation, ce mélange ne sauraient nous surprendre de la part d'un esprit aussi flottant que celui de l'auteur de *Faust*. Nous l'avons dit plusieurs fois, en énumérant les qualités de son grand talent, ce qui manque à M. Gounod, dans ses œuvres légères aussi bien que dans ses œuvres sérieuses, c'est la tenue, c'est l'unité, c'est le tempérament, car il est rare, chez lui, que les résultats répondent aux prémices.

Tout en indiquant nos réserves, nous nous plaisons à répéter que le *Médecin malgré lui* de M. Gounod est une œuvre charmante digne à tous égard de figurer dans le riche répertoire de l'Opéra-Comique.

1872.

LES NOCES DE FIGARO

à

L'OPÉRA-COMIQUE

Ah ! la belle et charmante œuvre ! Comme elle déborde d'esprit et de grâce ! Avec quel bonheur on écoute ses nobles mélodies, si vraies d'expression ! Comme elle sont tonales ! Comme elles se cadencent délicieusement ! Combien elles nous charment dans leur développement naturel ! Comme elles font sentir le vide des lourdes mélopées, dont certains auteurs nous abreuvent ! Comme elles démontrent bien l'impuissance du style haché, des modulations entassées laborieusement, des accords bizarres, des rhythmes brisés ! Et comme aussi les accompagnements doux et élégants de Mozart reposent du moderne fracas des cuivres !

Ah ! le beau et fécond génie que celui qui créa ce chef-d'œuvre : *Les Noces de Figaro* ! Quelle abondance d'idées, quelle clarté dans la forme, quelle vérité dans l'expression des caractères de Suzanne, de Chérubin, de la comtesse, du comte, de ce Figaro, qui n'est peut-être pas le Figaro endiablé de Beaumarchais et de Rossini, mais qui se présente à nous en valet de haute comédie, et comme Molière l'eût certainement compris.

Mozart est tout entier dans cette partition, où tout est si bien dit. Le génie scénique, qui l'a fait l'un des grands maîtres du théâtre, éclate à tout instant, dans chaque morceau , dans chaque phrase, dans ces airs si délicieux, parfois si pathétiques, tel, par exemple, que celui de la comtesse au début du second acte ; il éclate enfin dans les duos, les trios, les ensembles de cette partition et enfin dans son étonnant final, si plein d'incidents, si complexe dans sa merveilleuse unité !

Voilà vraiment la musique, la musique reine, celle qu'on exécutera toujours, celle qu'on n'oubliera jamais ! Le voilà, ce bel art qui fait les grands comédiens et les grands virtuoses, source pure où ne sont pas venus puiser ces interprètes maussades, sans esprit, sans souplesse et sans âme, ces chanteurs lourds, pâteux, ennuyeux, maladroits, gonflés comme certains ouvrages qui ne sonnent si fort que parce qu'ils sont creux !

Ô Mozart ! tu triomphes du temps, des plaisants lourds et grotesques, et, comme le dit Rabelais « des extracteurs de quintescence, très précieux... inventeurs de l'incompréhensible ! »

Maintenant que j'ai jeté mon cri d'admiration, je veux faire en quelques mots l'historique des *Noces de Figaro*. C'est en 1783, et après avoir abandonné la partition de l'*Oca del Caïro*, que Mozart s'occupa de cet opéra avec da Ponte. En 1785, entièrement absorbé par le travail, il en était réduit à vendre pour deux ducats ses deux concertos en *sol mineur* et en *mi-bémol majeur* !!

Son père nous apprend, dans une lettre adressée à sa fille, le 11 novembre 1785, que pressé d'en finir avec *les Noces*, son illustre fils « travaille toute la matinée et donne ses leçons dans l'après-midi ! » Au mois d'avril 1786, il écrit de nouveau à sa fille : « *Le Nozze di Figaro* seront jouées le 28 avril. Malgré les intrigues, la pièce réussira, et ce sera un succès merveilleux qui fera taire la coterie Salieri. Au dire de Dussek, ton frère triomphera de toute la cabale par son rare talent » (1).

(1) *Histoire de Mozart*, d'après G. N. de Nissen, traduite par M. Albert Sowinski.

En effet *les Noces* furent représentées à Vienne, ce jour-là, et avec un succès qui grandissait à chaque représentation. Dès la seconde on fit bisser cinq morceaux, et à la troisième on en redemanda sept. Le petit duo : *Il soave zeffiretto* fut répété trois fois.

Cependant Mozart, qui savait que les *maëstri* et les chanteurs italiens voulaient faire tomber sa pièce, se présenta dans la loge de l'empereur pour lui demander de faire exécuter l'ouvrage jusqu'à la fin, dans le cas où l'on voudrait y mettre obstacle.

Le succès fut tel que les *Noces* furent représentées à Prague la même année. On les joua tout l'hiver presque sans interruption. L'enthousiasme des habitants de Prague l'emporta sur celui des Viennois ; aussi Mozart disait-il souvent : « Les Bohêmes seuls me comprennent bien. » Partout on chantait et jouait ses mélodies , et les grands seigneurs se disputaient l'honneur de l'héberger. Ce fut chez le comte de Thun, qui entretenait chez lui un petit orchestre, que Mozart descendit lorsqu'il vint à Prague. Le jour de son arrivée on jouait *les Noces* ; il se rendit au théâtre dans la loge de son hôte. Le bruit de sa présence s'étant répandu, il fut acclamé par le public.

Bientôt on joua la nouvelle partition sur tous les pianos. Aussi Mozart écrivait-il, le 15 janvier 1787, à l'un de ses amis de Vienne : « Mon opéra a un véritable succès ici, et c'est une grande satisfaction pour son auteur que d'entendre jouer, chanter et siffler partout les motifs de *Figaro*. » Un soir, dans un concert on pria Mozart d'improviser des variations sur son opéra. Il se mit au piano et improvisa sur l'air : *Non più andraï* avec un tel talent d'exécution et un tel sentiment, que l'enthousiasme et l'émotion gagnaient les moins sensibles.

Après avoir fait le tour de l'Allemagne, *les Noces de Figaro* furent traduites en français est jouées à l'Opéra le 1er avril 1793.

Laïs faisait Figaro Mme Gavaudan, Suzanne. *Le Moniteur universel* d'alors en donnait un régulier compte rendu. Le voici :

« L'administration de l'Opéra vient de faire à la fois un double essai ; celui de faire jouer par ses acteurs un opéra-comique en dialogue parlé, et celui d'une pièce faite sur musique parodiée. C'est le *Mariage de Figaro*, traduit d'abord à Vienne en italien, mis alors en musique par *Mozzart, (sic)*, compositeurs célèbre pour la symphonie, et que la scène compte déjà au nombre des maîtres les plus distingués parmi les Allemands, et traduit depuis en français pour la partie musicale qu'on a jointe au drame connu. La musique a paru belle, riche d'harmonie, et travaillée avec beaucoup d'art. La mélodie est très-agréable sans être pourtant piquante. Il y a plusieurs morceaux d'ensemble d'une grande beauté : mais certains airs n'ont pas eu tout l'effet dont ils seraient susceptibles s'ils étaient exécutés dans leur véritable mouvement. Ceux qui connaissent la partition assurent qu'ils ont presque tous été fort ralentis.

« L'exécution des acteurs est telle qu'on devait l'attendre de leurs talents en accordant une juste indulgence au peu d'habitude qu'ils ont en ce genre. Mme Ponteuil, qui est plus exercée, a montré dans le rôle de la comtesse beaucoup d'intelligence et d'habileté. Mlle Gavaudan a senti le véritable caractère de celui de Suzanne, qu'elle a fort bien rendu. Laïs n'a pas paru saisir d'une manière aussi juste celui du rôle de Figaro, qui est la légèreté, la gaieté, la prestesse. Adrien, dans le rôle du comte, n'a besoin que de s'animer un peu plus. Tous les autres rôles accessoires méritent des éloges. En somme, cet ouvrage, d'une excessive longueur, avec beaucoup de retranchements, peut espérer du succès. Celui de la première représentation a été aussi complet que l'attention fatiguée des spectateurs a pu le permettre. »

Le mariage de Figaro ne fut jouée que cinq fois; on l'avait peu compris.

Sur la fin de 1802, une troupe allemande qui vint donner des représentations au théâtre de la Cité, décoré du nom de Théâtre-Mozart y joua *les Noces* en allemand. Les *prime-donne* de la troupe étaient Mmes Ludgers et la belle-sœur de Mozart, Aloïse de Weber, Mme Lange.

En 1807 enfin, la troupe d'opéra italien qui donnait des représentations au théâtre de l'Impératrice, rue de Louvois, y joua le 2 décembre *le Nozze di Figaro*. Bianchi représentait le comte; Barilli, Figaro; Tarulli, Bartholo, et Carmanini, Antonio. Mme Barilli tenait le rôle de la comtesse, et Mme Bianchi celui de Suzanne. Je ne sais qui faisait Chérubin : il est vrai que ce rôle était réduit à rien. Suzanne chantait l'air « *Non so più cosa son* » et la comtesse disait elle-même celui où le jeune page exprime son embarras et son désir, son ivresse et sa timidité aux pieds de sa marraine.

Cette fois le chef-d'œuvre de Mozart obtint un vif succès.

Depuis lors on l'a repris au Théâtre Lyrique, en 1858, sous l'intelligente et artistique direction de M. Carvalho, puis au Théâtre-Italien.

Les plus grands artistes y parurent à tour de rôle: Garcia, Pellegrini, Levasseur, Lablache, Tamburini, Mmes Mainvielle-Fodor, Morandi, Catalini, Bertinotti, Naldi, Cinti, Malibran, Persiani, Grisi. La dernière reprise eut lieu en mars 1861. Badiali jouait le comte; Angelini, Figaro; Zucchini, Bartholo; Mme Penco, Suzanne; Mlle Battu, la comtesse, et Mme Dalmondi, Chérubin.

Il n'a pas été possible depuis cette époque de monter convenablement les *Nozze* à la salle Vantadour. Mlle Krauss désirait beaucoup se montrer dans le rôle de la comtesse; mais Mlle Patti à laquelle revenait celui de Chérubin ne se souciait pas de paraître dans des opéras où l'attention pouvait se partager; aussi ne donna-t-on point celui de Mozart. Aujourd'hui il n'y faut plus songer : le Théâtre-Italien est mort, du moins au point de vue du répertoire classique. Pergolèse, Paësiello, Cimarosa, Rossini sont abondonnés, faute d'interprètes. Les opéras et les chanteurs modernes n'ont qu'une valeur relative et s'éloignent de plus en plus des belles traditions du passé.

Parlons maintenant de l'interprétation de l'Opéra-Comique, qui répondait, samedi dernier, à ce qu'on en attendait. Mme Carvalho, s'est chargée de nouveau du rôle de Chérubin ; elle l'a chanté avec une rare perfection. L'air : *Voi che sapete che cosa è amor* a été bissé, et j'ai vu le moment où la salle ravie allait le lui redemander une troisième fois. Quand à l'air : *Non so più cosa son, cosa faccio,* Mme Carvalho nous permettra de lui dire qu'elle le dit froidement : Nous l'avons entendu autrefois en Allemagne, et il nous frappait par son emportement. Il est, d'ailleurs indiqué dans la partition comme *allegro vivace.* On sent que Mozart a voulu rendre la précipitation de la tirade dont l'expression se presse sur les levres et dans laquelle Chérubin exalté, dépeint à Suzanne l'amour naissant qui déborde de son cœur :

« Cela est vrai d'honneur ! Je ne sais plus ce que je suis, mais depuis quelque temps je sens ma poitrine agitée, mon cœur palpite au seul aspect d'une femme ; les mots amour et voluptés, le font tressaillir et le troublent. Enfin le besoin de dire à quelqu'un : je vous aime, est devenu pour moi si pressant que je le dis tout seul, en courant dans le parc, à ta maîtresse, à toi, aux arbres, aux nuages, au vent qui les emporte avec mes paroles perdues. ».

C'est cette fougue dans le débit de Chérubin que nous n'avons pas retrouvée dans le chant de Mme Carvalho.

A côté d'elle, Mlle Battu, qui paraissait pour la première fois à l'Opéra-Comique, a remporté une victoire aussi éclatante que celle de son page. Un peu étonnée au début, dans le dialogue, dont elle n'a pas l'habitude, elle s'est montrée grande cantatrice, cantatrice de style et d'expression dans ses deux beaux airs. Elle a dû recommencer l'air *Dove son* du quatrième acte, ainsi que le *duetto* suivant avec Mme Carvalho. La salle entière s'en est montrée ravie.

Il faut savoir gré à Mlle Cico de ses efforts; mais le rôle de Suzanne demande trop de vivacité pour qu'elle puisse le bien rendre. Elle y a cependant, parfois, fait preuve de talent.

M. Melchissédech tient avec distinction le rôle de comte; celui de Figaro est généralement écrit trop bas pour M. Bouhy. Il avait à lutter contre cette difficulté et il en a presque triomphé. Sa diction est intelligente et sa voix bien posée mais un peu sourde.

Dans les petits rôles, il faut signaler le talent de comédienne de Mlle Decroix et la grâce de Mlle Ducasse, qui a chanté avec une simplicité charmante son ariette : « J'ai perdu ma mantille. »

Adressons aussi toutes nos félicitations à l'orchestre et à son chef habile, M. Deloffre.

27 février 1872.

SYLVANA

Drame lyrique en quatre actes,
paroles de MM. Mestepès et Wilder,
musique de Carl-Maria de Weber.

Weber avait quatorze ans, lorsqu'en 1800 il rencontra un certain chevalier de Steimberg, impressario de son métier, qui lui demanda de mettre en musique un poëme d'opéra de sa façon, intitulé *Das Stumme Waldmaedchen* (*La Jeune fille Muette des Bois*). Cette partition fut jouée à Chemnitz, puis à Freyberg, petites villes de la Saxe Royale. A cette époque, Weber avait déjà reçu des leçons d'harmonie et de composition de Michel Haydn. Plus tard il devint, comme l'on sait, ainsi que Meyerbeer l'élève de l'abbé Vogler

Dix ans après, Weber refit en entier ce premier essai, et l'appela *Sylvana*. La première représentation eut lieu à Francfort le 27 septembre 1810. Dans une lettre adressée à son ami Gænsbacher Weber constate qu'une célèbre aréonaute française, Mme Blanchard lui fit tort, ce soir là et il ajoutait :

« Mon enfant, né heureusement, fut accueilli par les applaudissements. Un morceau fut bissé et l'on me rappela. L'artiste parut, mais je ne me montrai pas. »

D'après ces lignes, *Sylvana* n'obtint qu'un médiocre succès. Un seul morceau fut bissé, et Weber, quoique encore bien jeune (il n'avait que vingt-quatre ans), ne crut pas devoir se montrer au public. On peut conclure de cette abstention qu'il ne se trouvait pas assez chaleureusement applaudi et demandé.

Dans une lettre, datée de Berlin, en 1812, Weber parle, pour la seconde fois, de son opéra : « Ma *Sylvana* a donc partout du malheur, écrit-il au compositeur Jærgel ? Elle ne sera pas donnée au théâtre de Vienne, au dire de l'éditeur Treitschke. Offre à ce dernier *Abu Hassan* pour cinq carolins d'or... On a essayé, ici, il y a plusieurs mois, mais une seule fois, sous la direction de Rhigini, ma *Sylvana*. Mais ce fut joué si confusément que tous la déclarèrent une composition insensée. Aujourd'hui l'orchestre est à mes pieds. J'en ai ri, les choses allant toujours ainsi quand on n'est pas là, ou qu'on n'a pas un ami pour diriger. »

Enfin, le 16 mai 1812, Weber écrit, en parlant de cette représentation devant laquelle l'Opéra de Berlin reculait toujours : « Je crois t'avoir mandé que Rhigini avait monté une cabale et qu'il avait quitté l'Opéra, en disant que l'œuvre n'était pas exécutable. Cependant, le 11 de ce mois, avait lieu une répétition que je dirigeais moi-même. L'orchestre m'aimant beaucoup, tout alla aussi bien que si on l'eût répété dix fois. Tous furent grandement surpris et ne reconnurent plus la musique. »

Le 14 juillet de la même année, Weber annonçait la représentation de *Sylvana* à Berlin à son ami Gœnsbacher : « Le succès, dit-il, est aussi brillant qu'on peut le désirer. J'ai fini par triompher de toutes les cabales. C'est le 10 que mon opéra a été donné pour la première fois et aujourd'hui qu'a lieu la seconde représentation. Je dirigeais moi-même l'orchestre. Après chaque acte, les musiciens et le public criaient : Bravo, Weber ! L'exécution fut excellente, chanteurs et orchestre rivalisèrent de zèle et de perfection. »

A partir de ce jour, il n'est plus question de *Sylvana* dans les lettres de Weber ; ce qui tendrait à prouver que ce premier opéra ne paraissait que rarement sur l'affiche des théâtres allemands. D'ailleurs, n'avait-il pas été remplacé par le ***Freischütz?***

Tout ce qui se rattache à l'œuvre d'un grand artiste devient intéressant pour l'histoire de l'art. Les transformations de sa manière sont donc utiles à connaître et doivent préoccuper le musicien aussi bien que le critique.

La partition de *Sylvana*, patronnée par un curieux, — M. Wilder, qui en a refait le livret, vient heureusement compléter nos connaissances sur Weber. Elle a droit à une place dans la bibliothèque des admirateurs du maître allemand, et l'on voudra jouer les charmants morceaux qui la composent pour se rendre compte du chemin parcouru par son auteur avant qu'il devint ce que l'on sait.

On verra quelle était à vingt-quatre ans l'éducation musicale du poétique musicien, quelles étaient ses hésitations et les influences qui pesaient encore sur sa libre pensée. Dans sa première manière, quoique souvent enfantine, se font déjà jour quelques-unes de ces audaces qui laissent présager, bien que de très-loin encore, le créateur de l'opéra fantastique.

Malgré le succès de la première représentation, à Paris il ne nous coûte point d'avouer que notre admiration pour Weber ne saurait aller jusqu'au fétichisme. Cette œuvre de jeunesse n'ajoute absolument rien à la gloire de son auteur.

Le livret n'ayant jamais été imprimé, n'a pu être retrouvé, et M. Wilder l'a fait en s'aidant des paroles de la partition. Le critique du *Paris-Journal* dit qu'il y a dans ce poëme baroque du Bouilly et du Pixérécourt, et il a raison. L'analyse de notre confrère est d'un tour si vrai que nous lui demandons la permission de le citer.

« Il s'agit d'une jeune fille qui est muette et qui se promène dans les bois en jupe courte de danseuse, dormant à la belle étoile et se nourrissant de fruits. Une manière de bohémien, voleur, assassin, diseur de bonne aventure, est épris d'elle et la poursuit. Elle, court après un beau jeune homme, qui court après une belle jeune fille, qui va épouser un autre beau jeune homme. Le premier jeune homme est banni par son père, qui le croit le fruit de l'adultère.

» Le bohémien, à la sollicitation de la *fille des bois*, finit par apprendre au père que sa femme est toujours demeurée pure, et le second beau jeune homme cède la belle jeune fille au premier beau jeune homme, qui l'épouse pendant que Sylvana, folle de douleur, se précipite dans un abîme où elle trouve la mort. »

Sans entrer dans l'analyse de chacun des nombreux morceaux de la partition, surchargée de musique, je vais essayer de résumer mes impressions sur l'ensemble.

Sylvana est avant tout une œuvre de style composite. L'on y rencontre un peu de la grâce mélodique de Mozart, mais on n'y trouve pas sa forme. On sent déjà que, même à ses débuts, l'écrivain, chez Weber, s'était affranchi de cette grande et belle langue qu'écrivaient naturellement et comme en se jouant, dès l'âge de quatorze ans, Haydn et Mozart. Il faut bien le dire, la fantaisie remplace dans *Sylvana* le langage des dieux ! C'est là un fait capital qu'il importe de faire ressortir, pour bien comprendre le rôle qu'a joué Weber dans l'histoire de l'art musical. Cette fantaisie dans la forme, qni caractérise le romantisme, Weber, la conservera toujours. Il ne restera point rigoureusement attaché aux principes que, peut-être, il n'avait pas assez étudiés avec l'abbé Vogler. Aussi peut-on dire que cet affranchissement, que cette fantaisie nuiront au développement de son génie et feront en somme qu'il deviendra le premier maître de la décadence dans la forme.

C'est qu'en effet, en dehors du théâtre et de la

musique de piano l'œuvre de Weber n'a pas une bien grande valeur. Ses ouvertures, malgré leur beauté ne sont faites qu'avec les motifs des opéras qu'elles précèdent. Et M. Wagner, lui-même, n'hésite pas à les condamner, en les qualifiant de « pots pourris. » Assurément, Weber est un génie, mais cependant un génie de décadence, et dont l'influence fut d'autant plus grande sur ceux qui l'ont suivi que son inspiration est plus séduisante.

Revenant à *Sylvana*, je dirai qu'on y rencontre, et non sans étonnement, dans le dialogue musical, comme un écho de nos vieux ouvrages français, des tournures qui rappellent le Boïeldieu de *Beniowski*, de *Ma Tante Aurore* et du *Petit Chaperon-Rouge*. On y sent aussi l'influence de la musique bohémienne, aux périodes courtes, aux rhythmes originaux et parfois élégants, influence qu'on remarque également chez Meyerbeer dans le *Pardon de Ploërmel* et dans l'*Etoile du Nord*.

On sait la part qu'ont prise dans tous les pays les chants populaires, sur certains opéras. Les chants bohémiens et slaves, tout particulièrement, ont laissé des traces très-marquées dans les compositions musicales romantiques de l'Allemagne. C'est de là qu'est né le romantisme en musique; car on remarquera que les grands maîtres allemands, de S. Bach à Mozart, ont complètement dédaigné cet élément populaire. On n'en trouve aucune trace dans leurs œuvres, dont la langue est, avant tout, académique. En revanche, le romantisme a enrichi le coloris et l'expression de sonorités séduisantes pour nos oreilles modernes. Cette observation s'applique de même à l'école italienne, dont la langue savante fut écrite par Durante et Marcello, et à laquelle Pergolèse, Cimarosa et Rossini ajoutèrent le caractère particulier des airs nationaux.

Afin de ne pas nous écarter du point de vue général où nous nous sommes placé en commençant, ajoutons que c'est dans l'instrumentation de *Sylvana* qu'apparaît le mieux ce que deviendra la manière de Weber. J'en excepte toutefois son Ouverture ; cette petite pièce symphonique n'annonce nullement la plume qui va écrire les ouvertures d'*Euryanthe*, de *Freischütz* et d'*Obéron*.

M. Martinet a monté *Sylvana* avec beaucoup de soin; les artistes l'ont chanté *con amore*. Les choristes sont excellents, mais je ne puis en dire autant des instrumentistes. Les instruments de bois, flûte, clarinette, basson et surtout le hautbois, se sont fait remarquer par l'extrême timidité de leur jeu, par la faiblesse de leurs sons et leur manque de justesse. Une autre observation encore : après avoir trouvé plus commode de substituer à la trompette d'harmonie la trompette à cylindre, on ne pouvait s'arrêter en si beau chemin et l'on remplace maintenant celle-ci par le cornet à pistons. Ce timbre de « bastringue » ne saurait être employé dans un bon orchestre, et nous invitons M. Martinet à le supprimer. MM. Offenbach et Hervé réclament, peut-être, le piston, mais Weber s'en passera fort bien.

M. Duwast, le ténor, chargé du rôle de Rodolphe, s'est fait applaudir dans la charmante cantiléne : « Faites la charité », ainsi que dans la cavatine du quatrième acte, un des meilleurs morceaux de la pièce.

M. Caillot, dont la voix rappelle aux vieux habitués de Favart, celle du célèbre Martin, a fort bien dit ses couplets du premier acte, coupés par le chœur, dont le caractère confine de très-près au *lied* populaire.

M. Neveu qui joue Kritz, a enlevé avec beaucoup de verve la chanson du troisième acte.

Le rôle d'Hélène est tenu par Mme Balbi. Mlle Douau a dit avec gentillesse, sinon dans leur esprît, les jolis couplets du second acte : « J'aurai donc un mari ! » Un peu plus de grâce naïve qu'elle n'en met dans cette valse tout a fait allemande, où l'on voit d'ici tourner paysans et paysannes, serait à sa place.

En résumé, si l'exécution de *Sylvana* n'est pas parfaite, elle satisfait le plus souvent. Les interprètes devraient modérer leurs voix dans les ensembles. Il y a des moments où la disproportion est telle entre la sonorité et l'exiguïté de la salle, que l'oreille en est assourdie, notamment dans le grand final du troisiéme acte. Ce morceau, pour être jugé définitivement, doit être entendu ailleurs que dans la petite salle de l'Athénée, où la sonorité tourne facilement au bruit.

Terminons par un compliment adressé à M. Clément-Just, qui a parfaitement composé le rôle du Bohémien, et à Mlle Pallier, danseuse de l'Opéra, dont la grâce et le sentiment se sont fait jour dans le rôle mimé de Sylvana.

8 avril 1872.

LE PASSANT

Opéra-comique en 1 acte de MM. COPÉE ET PALADILHES

Un jeune musicien, M. Paladilhes, donnait vendredi dernier, à l'Opéra-Comique, son premier ouvrage, depuis son retour de Rome, qui date déjà de plusieurs années. Les occasions de se produire ont été rares jusqu'ici pour les jeunes compositeurs; aussi n'est-ce point un reproche de paresse que nous lui adressons. En choisissant pour livret la charmante saynète de M. Coppée, M. Paladilhes a-t-il été bien inspiré? Est-ce bien là un sujet musical? Un long duo, aussi pathétique qu'il soit, peut-il suffire à remplir le cadre d'un opéra, n'eût-il qu'un acte, surtout lorsque ce duo est écrit pour voix de femmes? Nous ne le pensons pas. Enfin cette difficulté n'a point fait reculer M. Paladilhes; elle l'a même tenté, paraît-il, et nous avouons que dans une certaine mesure il en a triomphé.

Il a mis dans cet effet de clair de lune, je ne dirai point tout son talent, car je le crois capable de faire plus encore, mais beaucoup de talent. La musique du *Passant*, d'une inspiration fraîche, est très-distinguée. On y trouve la préoccupation constante d'éviter, les chemins battus ; mais on n'y rencontre pas un soufle mélodique bien long, bien en relief.

M. Paladilhes, comme beaucoup de musiciens de ce temps-ci, sacrifie l'intérêt vocal aux délicatesses, aux sonorités curieuses de l'orchestration. Comme chez certains peintres, la couleur l'emporte chez lui sur le dessin.

On sait que nos sympathies sont acquises aux jeunes compositeurs, et c'est pour cela que nous croyons devoir leur dire franchement notre opinion. C'est avec peine que nous les verrions s'égarer dans des partis-pris ; et c'est s'égarer absolument que de placer au second plan la partie vocale.

Ces réserves établies, nous avons trouvé dans cette longue scène à deux personnages la mesure de ce que pourra faire M. Paladilhes, s'il veut bien ne pas abuser au théâtre de ses qualités de symphoniste.

L'introduction instrumentale du *Passant* est d'un charmant coloris, sont motif principal plein de grâce et de mystère et tout à fait dans le sentiment de la pièce.

Un chœur de quelques mesures, chanté dans la coulisse, au lever du rideau, par les convives de Sylvia. mérite à peine d'être mentionné. Le premier air chanté par Mlle Priola, quoique un peu froid, se lève par la distinction de l'idée musicale.

La chanson de Zanetto a fait le succès de l'ouvrage. Cette canzone, connue depuis longtemps dans les salons de Paris, est une agréable et franche mélodie. L'ariette qui la suit le duo final, sont très peu mélodiques.

C'est surtout dans ces deux morceaux, remplis d'ailleurs de détails heureux, qu'on voit l'auteur, comme je l'ai dit déjà, trop préoccupé de fuir la banalité. Mais cette tendance, lors qu'elle devient un labeur, entrave l'élan scénique, et si bien, que d'une qualité on fait un défaut. Il en résulte une monotonie à laquelle n'a point échappé M. Paladilhes.

Dans le duo final, nous avons tout particulièrement remarqué un effet cherché, voulu, dont le résultat n'est pas heureux. Les deux voix chantant deux thèmes différents veulent sans doute protester contre cette habitude ancienne de faire chanter le même air par deux personnages, lors même que deux sentiments différents les animent.

La tentative est louable et nous en acceptons le principe ; mais dans ce cas faudrait-il encore que les deux « motifs », de caractère et de rhythme différents, présentent une sonorité réelle, et elle n'existe pas dans ce duo. Weber fut plus heureux dans les deux jolies phrases superposées du duo d'Agathe et d'Annette, au second acte de *Freischutz*. Là, l'effet qu'on voulait produire est rendu.

L'Opéra-Comique, n'a rien négligé pour la réussite de l'ouvrage de M. Paladilhes. Les décors et les costumes sont fort soignés, les rôles confiés à deux des meilleurs artistes de la troupe, rôles joués et chantés avec beaucoup de sentiment par Mmes Priola et Galli-Marié.

Espérons qu'il nous sera bientôt donné de juger à nouveau le débutant dans un ouvrage plus lumineux que cet élégant clair-obscur, en souhaitant au *Passant* de M. Paladilhes le succès du *Passant* de M. Coppée.

30 avril 1872.

DJAMILEH.

Opéra comique en un acte de MM. LOUIS GALLET ET GEORGES BIZET.

L'Opéra-Comique vient de donner un nouvel ouvrage en un acte dû à la collaboration de MM. Louis Gallet et Georges Bizet. C'est une scène d'un orientalisme très-mitigé. Il s'agit d'un pacha égyptien auquel son précepteur Splendiano n'a pas enseigné toutes les vertus, qu'entre parenthèse il ne possédait pas lui-même. Quoique fort jeune encore, Haroun est déjà blasé sur tous les plaisirs, à la manière d'un « petit crevé » du boulevard des Italiens. Aussi faut-il que, chaque mois, Splendiano lui découvre une nouvelle favorite.

La dernière agréée, Djamileh, qui donne son nom à l'opéra de M. Bizet, pour être esclave, n'en a pas moins un cœur qu'elle abandonne au volage Haroun. La pensée d'une séparation prochaine la désespère, et elle a recours au stratagème pour essayer de garder les bonnes grâces de son maître. Servie par Splendiano, qui en est amoureux, elle prend la place d'une almée présentée par un marchand au pacha. Celui-ci finit par la reconnaître sous ses longs voiles et se laisse enfin toucher par l'amour. Splendiano a tiré les marrons du feu pour son maître, comme il convient, d'ailleurs à un bon serviteur, et Haroun entraîne Djamileh dans les profondeurs de son palais voué aux plaisirs.

A part quelques expressions d'un genre médiocre et par trop parisiennes pour être acceptées sur les bords du Nil, le livret de M. Gallet est soigné et renferme de jolis vers.

Sur la donnée que nous venons d'exposer, M. Georges Bizet a écrit une partition qui, par ses tendances, nous le craignons pour le succès de son œuvre, s'adresse plutôt aux artistes aux dilettantes raffinés qu'au public habituel de l'Opéra-Comique.

M. Bizet n'est pas un nouveau venu ; il est connu dans le monde des arts, où son talent est fort apprécié, par des mélodies et par de la musique de piano généralement estimées. Le public, aussi, n'a point oublié ses deux opéras : le *Pêcheur de perles* et la *Jolie fille de Perth*, donnés au Théâtre-Lyrique sous la direction de M. Carvalho, ni ses fragments symphoniques exécutés par l'orchestre de M. Pasdeloup.

Il est l'un des musiciens les plus distingués de cette jeune école qui, en ôtant aux voix l'intérêt mélodique pour le donner à l'orchestre tend à s'éloigner de plus en plus des traditions de l'opéra tel que les maîtres et le public l'ont compris jusqu'à ce jour. En persévérant dans cette voie récoltera-t-elle les fruits de son labeur? — je ne voudrais pas l'affirmer. Toutefois c'est faire preuve de vaillance artitisque que de chercher des sentiers nouveaux, surtout en sachant combien sont rares pour nos compositeurs les occasions de se faire entendre au théâtre.

La partition de M. Bizet, dépasse sous tous les rapports les proportions ordinaires d'un ouvrage en un acte; et c'est là, peut-être, son défaut capital. L'art, en effet, n'est pas de vouloir tout dire à la fois, mais il consiste, selon le précepte d'Horace, à dire ce qu'il faut, à ne dire que ce qu'il faut, et à le dire comme il faut.

L'abondance des éléments nouveaux, la recherche constante des harmonies curieuses et des variétés de timbres tiennent une trop grande place dans l'instrumentation de *Djamileh* et nuisent parfois à l'idée principale. Préoccupant outre mesure l'oreille de l'auditeur, ces recherches la fatiguent et l'empêchent de saisir distinctement les sentiments que l'auteur a voulu rendre ; car celui-ci ne doit jamais oublier que le drame lui-même doit passer avant toute autre préoccupation. C'est aux voix qu'est réservé le rôle d'exprimer les sentiments des personnages, et M. Wagner est dans le faux lorsqu'il soutient qu'au théâtre la voix humaine ne doit pas avoir plus d'importance qu'une partie de clarinette ou de basson.

Mais laissons là, pour l'instant, les folles théories de l'auteur de *Tannhauser* pour ne nous occuper que de *Djamileh*.

Autant qu'on peut en juger après une seule audition d'une œuvre aussi consciencieusement travaillée, et étant données des tendances qui choquent mes idées sur l'opéra je reconnais que l'ouvrage de M. Bizet contient des passages intéressants et bien traités. Je citerai notamment : la marche égyptienne et l'ouverture, qu'on retrouve avec plaisir dans la scène de l'almée ; le chœur d'introduction, chanté dans la coulisse d'une inspiration charmante ; un trio où l'on remarque les couplets de Djamileh : « Nour-Eddin, roi de Lahore, » écrits dans la manière de Schumann, mais sans imitation directe ;

le chœur : « Salut, salut, Haroun ! » franchement original, les airs de danse et enfin les couplets de Splendiano, très-bien chantés par M. Potel.

Nous voudrions faire un semblable compliment à Mme Prelly; mais son interprétation est de tous points défectueuse. Cette chanteuse ne peut décidément prétendre qu'à des succès de beauté. M. Duchesne a chanté tant bien que mal le rôle difficile d'Haroun. Les chœurs et l'orchestre méritent tous les éloges.

La mise en scène est fort soignée : décors, costumes, accessoires sont d'une vérité, d'un goût exquis. Nous félicitons la direction de l'Opéra-Comique des soins dont elle a entouré l'opéra de MM. Gallet et Bizet, dans l'espoir que les représentations ne seront pas interrompues aussi brusquement que celles du *Passant*, de MM. Copée et Paladilhes.

1872.

LA PRINCESSE JAUNE

Opéra-comique en un acte de M. LOUIS GALLET
MUSIQUE DE M. CAMILLE SAINT-SAENS.

L'Opéra-Comique conviait, le mercredi 18 juin, la critique, à la première représentation d'un nouvel ouvrage en un acte, dû, à la collaboration de M. Louis Gallet et de M. Camille Saint-Saëns.

M. Gallet aime l'Orient, il vient de nous le montrer deux fois de suite en écrivant les livrets de *Djamileh* et de la *Princesse Jaune*. Il nous le dépeint là, en assez jolis vers, pendant un voyage chimérique au Japon :

Ce pays vermeil ;
Ecrin rayonnant que la terre
A pris au soleil !

Le public ordinaire de la salle Favart n'est point disciple de Boileau. Loin de penser que le Vrai seul soit aimable, il apprécie fort, au contraire, l'invraisemblable.

Aussi dit-on : paysages d'opéra-comique, paysans d'opéra-comique, brigands d'opéra-comique, etc. Quand à l'Orient, nous savons quels parfums s'en dégagent, quelles pastilles on mange dans les sérails imaginés par Félicien David et ses imitateurs. Aujourd'hui ce n'est pas que je m'en prenne à MM. Gallet et Saint-Saëns de leur Japon, dont on ne voit qu'un intérieur de maison et quelques personnages-muets ; mais l'effort d'imagination que demande au spectacteur le livret de *la Princesse jaune* dépasse un peu celui qu'on est habitué à faire rue Favart. Qu'on en juge :

Un savant Hollandais, vivant en Hollande, entouré de parents Hollandais, aimé d'une cousine hollandaise, est épris d'une Japonaise de paravent, ornement de son cabinet de travail ! Voilà qui est déjà assez original, bien que M. Gallet ait eu l'attention de nous montrer son héros passionné pour toutes les merveilles du Japon, pour sa langue, pour ses arts, pour ses potiches.

Mais ce n'était pas assez pour l'imagination très souple des abonnés de l'Opéra-Comique, qu'aucune extravagance ne rebute. Tout d'un coup le savant Kornélis s'avise de fabriquer et de boire un breuvage, dont la composition se trouve indiquée dans le bouquin d'un halluciné, philtre qui doit lui permettre de franchir la limite des mondes et de réaliser tous ses rêves. C'est alors qu'il tombe en extase, circonstance qui permet aux décorateurs et aux machinistes, de transformer avec une habileté magique le cabinet hollandais en un cabinet japonais.

Mais ce qu'on ne comprend plus du tout, ce qu'on ne peut pas accepter, même à l'Opéra-Comique, c'est que la cousine du docteur, l'intéressante Léna, lui apparaisse déguisée en Japonaise, puisque son cousin ne l'a pas prévenue du changement de décoration. Il eût fallu ce semble, qu'une autre actrice fut chargée de ce nouveau personnage, tout imaginaire qu'il soit.

M. Gallet ne l'a pas voulu ainsi, et c'est la cousine hollandaise, jalouse de la Japonaise de paravent, qui emprunte son costume, dans l'espoir de conquérir de la sorte le cœur de son savant cousin, espoir que le dénouement justifie.

Mais qu'importent ces extravagances, me direz-vous, si l'on s'y plaît? Qu'il en soit donc, comme l'ont voulu les auteurs de la *Princesse jaune*, puisque le public accueille leur pièce avec plaisir.

L'un d'eux, M. Saint-Saëns, est le savant abbé

d'une petite chapelle, où les dévotes ne manquent pas. Il s'est acquis, dans le monde musical une réputation méritée d'organiste très-distingué et de virtuose du piano ; et malgré certain défaut que nous lui avons reproché — la sécheresse du toucher, — il n'en marche pas moins de pair avec les Planté, les Ritter et les Delaborde. Harmoniste consommé et disciple de la nouvelle école allemande, M. Saint-Saëns, vient de se manifester tardivement au théâtre. De sérieuses qualités le désignaient à la confiance des directeurs subventionnés, mais on sait combien, jusqu'ici, ils s'étaient montrés récalcitrants à toute nouveauté française.

Je commence par établir que les tendances de M. Saint-Saëns sont cousines-germaines de celles de MM. Paladilhes et Bizet. Comme eux, il donne à la partie instrumentale le pas sur la partie vocale. Chez ces trois musiciens, le système est accusé, et ce que nous critiquons dans le *Passant et de Djamileh*, nous le reprochons aussi, peut-être à un moindre degré, à la *Princesse jaune*.

La façon dont certains compositeurs d'aujourd'hui comprennent le drame lyrique est contraire à ses règles fondamentales, et nos observations n'ont pas d'autre but que d'essayer de ramener à la vérité des artistes égarés par des doctrines funestes à l'art lyrique. Loin de les accuser d'impuissance, comme quelques-uns de nos confrères, nous ne voulons voir qu'un égarement dans leurs procédés, égarement qui s'explique par les préventions qui, jusqu'ici, les ont éloignés du théâtre.

Où donc, d'ailleurs, auraient-ils appris cet art de la scène qui ne s'acquiert que par la pratique, les portes de nos théâtres étant depuis longtemps fermées pour eux ?

Nous l'avons dit et redit, lorsque l'homme est en scène, lorsque les sentiments du drame ont pour interprètes la voix et la parole humaine, l'instrumentation, la fusion curieuse des timbres doivent, non pas disparaître, mais s'effacer un peu devant l'élément scénique. Transporter dans l'opéra, pour leur donner la prééminence, les élégances harmoniques des pianistes compositeurs, des Schumann et des Chopin, c'est s'abuser, se tromper, sur les conditions d'existence du drame lyrique, c'est caresser une chimère, dont les compositeurs auxquels nous faisons allusion reviendront un jour ou l'autre.

L'erreur du moment, et cela dans tous les arts, c'est de sacrifier le principal à l'accessoire. N'est-ce pas la rime qui préocupe avant tout nos jeunes poëtes ? Les détails du tableau n'absorbent-ils pas aussi la pensée de nos peintres, à ce point que la figure du sujet disparaît presque à nos yeux ?

Chez certains de nos musiciens, c'est l'orchestre qui est l'objet de toute leur attention, c'est le coloris auquel ils sacrifient la belle et pure mélodie se déroulant en longues périodes chantantes. Ce mouvement qui s'opère parallèlement dans tous les arts, repose sur une erreur que la critique ne saurait trop combattre, car c'est le triomphe de la matière sur le sentiment. Or détruire le sentiment en musique, c'est supprimer la musique elle-même. Le grand, l'éternel modèle que tous doivent avoir devant les yeux, Beethoven, n'a-t-il pas dépensé d'admirables et d'inépuisables richesses d'harmonie dans *Fidelio* ? Et cependant, on ne citerait pas quatre mesures dans ce chef-d'œuvre où le sentiment du drame ne domine tout autre préoccupation.

Combien il serait triste de voir des jeunes gens pleins de talent spéculer sans cesse avec des sons, au lieu de nous exprimer ce qu'ils ont dans le cœur ! Mais nous ne voulons pas croire qu'il en sera toujours ainsi, car le public s'est prononcé et le théâtre ne peut exister sans public. Que M. Saint-Saëns ne voie pas dans nos observations une critique qui lui soit personnelle; elles s'adressent à tout un groupe dont il est de notre devoir de combattre les tendances anti-théâtrales.

Sur le livret de M. Gallet, M. Saint-Saëns a écrit une musique pittoresque et colorée; mais à force de peindre, elle ne chante plus assez par moments. La *Princesse Jaune*, riche en détails charmants, est l'œuvre d'un véritable artiste.

L'ouverture, dont les deux motifs sont empruntés à l'opéra, est traitée de main de maître. L'*allegro* des couplets de Léna, sur les paroles: « Quel est ton pouvoir? » manque de distinction, contrairement aux habitudes de l'auteur.

Le premier air de Kornélis: « J'aime ses sons, lointains mystères », est une très-poétique inspiration musicale. Un charme extrême l'enveloppe tout entier. J'en dirai autant de la plainte de Léna dont Mlle Ducasse rend bien l'inspiration émue.

La ravissante mélodie qui court dans toute l'évocation de Kornélis frappe par une grande distinction et par son accompagnement, où l'on remarque un trait de violons en triolet d'une rare élégance.

Une mélopée habilement traitée sert à préparer le changement de décor. Le chœur qu'on entend ensuite dans la coulisse, accompagné de clochettes et du kong, sorte de petit tam-tam, produit un effet délicieux.

Le duo qui suit nous à paru tourmenté et trop dialogué. Les idées mélodiques en sont peu saillantes, et l'on regrette qu'une des scènes capitales de l'ouvrage manque d'effets. Le duo final, au contraire, doit être loué pour sa grâce et son charme.

On le voit, nous ne sommes pas de ceux qui refusent à l'opéra de M. Saint-Saëns toute inspiration. Notre principale critique porterait sur un autre point: Kornélis étant, dans son rêve, transportée de Hollande au Japon, il eut fallu que la musique de ce rêve contrastât davantage avec les autres parties de l'ouvrage. L'opposition ne se fait pas suffisamment sentir. Avec plus de simplicité dans les moyens, au début, le musicien eut évité, je crois, une monotonie qu'on lui reproche.

Cette épreuve du théâtre n'est point défavorable à M. Saint-Saëns et nous y voulons voir une promesse pour l'avenir. Plus heureux que M. Bizet, pour sa *Djamileh*, il a rencontré une excellente interprétation.

Mlle Ducasse tient tout ce que nous attendions d'elle comme comédienne et comme chanteuse. La nature ne lui a cependant départi qu'une voix fort limitée et d'une qualité médiocre ; mais une intelligence très-fine et un instinct musical qui se trahissent dans tous ses rôles en font une artiste toujours agréable à voir et à entendre. Jamais, chez elle, de gestes faux et de notes fausses ; tout est étudié, bien compris et justement rendu. Elle a le sentiment de la scène, qu'elle occupe sans prétention, s'y faisant remarquer par les gens de goût.

M. Lhérie, lui non plus, n'a pas beaucoup de voix, mais il sait s'en servir. C'est avec sentiment qu'il a joué et chanté son rôle. Aussi les applaudissements ne lui font-ils pas défaut.

La mise en scène de la *Princesse jaune* ne laisse rien à désirer aux plus difficiles.

18 juin 1872,

P. S. — M. C. Saint-Saëns a vu deux de ses œuvres symphoniques exécutées, cette année, l'une à la Société des concerts et l'autre aux Concerts populaires. Elles n'ont pas rencontré un succès égal à celui qui accueillait tout dernièrement les œuvres de MM. Franck, Massenet et Guiraud. Les deux publics sont restés froids. La chose ne nous a point étonnée dans la salle du Conservatoire, dont les abonnés sont, en général, rebelles aux nouveautés ; mais nous avons été surpris que le public si hospitalier du Cirque national n'ait pas fait meilleur accueil à l'œuvre de M. Saint-Saëns.

Quelles peuvent bien être les causes, nous ne dirons pas de ces chutes, car il n'y a rien là de pareil, mais de cette froideur unanime, constatée par nous, à huit jours d'intervalle, rue Bergère et sur le boulevard, en présence de deux œuvres différentes ?

Quant au Conservatoire nous venons de le dire, son public se roidit presque toujours à l'audition d'une nouveauté. En second lieu, le Comité de la Société a peut-être eu le tort de ne pas donner, dans son entier, la symphonie qu'il avait choisie. Il est, en effet, difficile de saisir la pensée d'un auteur dans des pages détachées.

Mais nous pensons qu'il y a d'autres raisons encore à cette froideur. Ne seraient-ce pas les tendances et la nature même du talent de M. Saint-Saëns qui entraînent de pareils résultats ! Nous avons entendu souvent la musique de ce compositeur virtuose dont la notoriété est justement établie, et toujours elle a fait naître chez nous et autour de nous des objections que nos lecteurs vont apprécier.

Ils savent qu'il n'y a jamais de parti pris dans nos appréciations, que nous aimons le Beau sous toutes ses formes, de même que nos sympathies, nos efforts en faveur des jeunes auteurs sont connus. Les remerciments qu'ils veulent bien nous adresser en des termes qui nous touchent, les résultats déjà obtenus et qui s'agrandiront encore, nous dédommagent des hostilités de ceux qui, dans un intérêt mercantile, ne veulent rien risquer en vue des progrès de la musique nationale.

M. Saint-Saëns ne saurait donc nous en vouloir si, tout en rendant justice à ses qualités, nous signalons ici les objections que son talent soulève.

Dans ses œuvres vocales ou instrumentales, on regrette de rencontrer une surabondance d'ornementation qui étouffe l'idée, le sujet principal du morceau, de même que dans certain monument gothique, l'ornementation dérobe la ligne. La musique de M. Saint-Saëns est surchargée; la pensée n'y est pas toujours mise en relief; elle échappe à l'attention la plus soutenue sous les arabesques dont il l'enveloppe, et il en résulte que l'accessoire devient le principal. Il s'entrave lui-même, et comme à plaisir, dans des complications sans nombre, et, en suivant les nombreux méandres de son laborieux travail, on est tenté de dire avec le fabuliste :

Mais le moindre grain de mil
Ferait bien mieux mon affaire.

Nous ne sommes pas de ceux qui dédaignent les effets scientifiques de la musique ;mais elle est aussi l'art des hautes régions de l'idéal, l'art des émotions, des sentiments, un art dont le propre est de parler à l'imagination et au cœur de l'homme, alors que la parole devient impuissante. Cette propriété, cette faculté, cet avantage, ce don, le musicien doit les considérer comme le plus précieux de son art.

Quand il lui préfère les spéculations de l'esprit, il se condamne le plus souvent à l'impuissance, et l'auditeur, alors, peut se demander si, sous ses riches parures, il y a un corps, il y a une âme?

Où donc M. Saint-Saëns, travailleur infatigable, qui a lu les maîtres, qui les connaît par cœur, a-t-il trouvé cette sorte de pléthore de la forme ? Au théâtre, est-ce dans Gluck? Dans la symphonie, est-ce dans Beethoven? Est-ce que l'expression des sentiments qu'ils veulent peindre n'est pas l'objet principal des préoccupations de ces génies grandioses? Ce serait rétrograder de ne pas tenir compte de la révolution musicale qu'ils ont opérée, en dégageant l'idée mélodique des complications inutiles, nuisibles même à l'expression de la pensée, et ce serait reculer aussi que de nous ramener, en la colorant d'un certain romantisme, à une imitation modernisée du contre-point.

M. Saint-Saëns est un véritable artiste, un chercheur consciencieux, et nous pensons que ces considérations, loin de le blesser, lui montreront les périls de la voie où il s'engage. Peut-être ne fera-t-il aucun cas de nos opinions, partagées cependant, il faut bien le dire, par le plus grand nombre; mais il est du devoir de la critique de parler franchement aux artistes qu'elle estime.

LE QUATUOR MAURIN.

Nous nous étions promis cette année d'assister à la première séance du « Quatuor Maurin » et nous n'y avons pas manqué. La réussite a été complète, et le retour de M. Chevillard à son pupitre sympathiquement accueilli.

M. Maurin a fait des prodiges, et ses partenaires, MM. Colblain, Mas et Chevillard, se sont montrés dignes de lui. Quant à M. Ritter, c'est décidément un pianiste hors ligne. Il a joué, notamment, le *Rondo Capricioso* de Mendelssohn d'une façon merveilleuse. La souplesse du mécanisme, la beauté du son, l'énergie et le charme ne sont pas les seules qualités de son talent ; il possède encore le secret de la composition générale des effets, talent qui n'appartient qu'aux véritables artistes. Nous avons eu un plaisir extrême à l'entendre seul, de même que dans le trio en *mi bémol* de Schubert, admirablement accompagné par MM. Maurin et Chevillard.

Cette page de Schubert, l'une des meilleures de

sa musique de chambre, ne réunit pas toutes les conditions nécessaires à ce genre savant de composition. Elle pèche par les développements qui sont souvent puérils. Mais l'exposition des idées en est excellente et l'effet brillant. Ce trio, très-dramatique dans sa forme, et ce n'est point ici un éloge sous notre plume, ne donne cependant pas l'émotion saisissante qu'on rencontre dans les mélodies vocales de Schubert qui restent son œuvre capitale. Il reconnaissait, d'ailleurs, qu'il n'avait pas suffisamment pénétré dans les arcanes de la science pour traiter en maître le genre symphonique. A trente-cinq ans, c'est-à-dire un an avant sa mort, il songeait à renfoncer son éducation musicale et à demander à l'étude ce que le génie, seul, ne peut donner.

Le 9e quatuor de Beethoven a recueilli tous les suffrages. Le second morceau, *andante con motto*, sorte de pastorale d'une profonde mélancolie, et surtout le finale, ont enlevé la salle. Nous voudrions entendre ce morceau fugué, exécuté au Conservatoire par tous les instruments à cordes; l'effet en serait certainement prodigieux.

La pièce principale de ce concert était le 15e quatuor de Beethoven, l'un de ses derniers, l'un des sphinx, comme on les appelle, par la raison que certaines parties restent obscures à l'intelligence du plus grand nombre. Le premier et le dernier morceau sont, pour nous, lettre close. Sauf une phrase très-pathétique du finale, nous n'avons été frappé que par la bizarrerie de la forme, que par la complexité du travail et de la dureté de certains effets. Mais le *scherzo* est une inspiration ravissante ; l'originalité vous surprend et vous charme.

Quand à l'*adagio*, c'est une page géniale. Beethoven l'écrivit après une longue maladie et l'intitula : « Chant de reconnaissance, offert à la Divinité par un convalescent, sur le mode lidien. » Il n'y a pas de mots pour analyser les émotions que font naître de telles œuvres; elles vous pénètrent si profondément, les sensations qu'elles donnent sont si durables, qu'on n'a pas envie de les raconter; on n'éprouve qu'un besoin — celui de les réentendre. L'expression religieuse des idées, dans cet *adagio*, n'a pas été dépassée par les plus grands compositeurs de musique sacrée. Ce n'est pas seulement la forme qui est religieuse, c'est l'âme dont est sortie cette prière musicale, prière que traverse par moments une joie naïve qui semble dire : Qu'il est donc doux de revivre, de revoir le soleil et la nature qu'il féconde !

L'exécution s'est élevée à la perfection elle-même ;

par moments les timbres des quatre instruments à cordes, disposés avec un art admirable par le maître, vibraient si étrangement que l'on croyait entendre la voix mystérieuse d'un orgue invisible.

. . . .

Certains loustics de la musique prétendaient que les derniers quatuors de Beethoven n'étaient qu'une cacophonie et que quatre instrumentistes, jouant, chacun de leur côté, tout ce qui leur passerait par la tête, produiraient un effet semblable à celui de cette composition. O loustics parisiens, ce sont bien là de vos traits !

Nous le déclarons, nous ne connaissons rien de plus extraordinaire comme conception, comme fantaisie, comme caprice et effets, que le 16ᵉ quatuor en *ut dièse*, par exemple.

Pour bien apprécier une œuvre pareille, il faut absolument envisager l'état d'esprit où se trouvait celui qui l'écrivit. Il avait déjà donné à l'art ses plus magnifiques productions. En proie à sa misanthropie, le succès n'était plus rien pour lui, il n'entendait plus que les sublimes harmonies qui résonnaient dans son cerveau. Solitaire, il ne tenait plus compte des impressions d'autrui. Les formes ordinaires dans lesquelles il encadrait autrefois sa pensée, lui semblaient insuffisantes, épuisées ; il n'écrivait plus que pour lui.

En écoutant le quatuor en *ut dièse,* on se représente le grand homme affranchi, pour ainsi dire, de toute règle, spéculant avec volupté sur les caprices de son génie. Ce n'est plus la grande âme qui enfanta la symphonie en *ut mineur,* c'est une intelligence sublime et révoltée, mais pourtant toujours maîtresse d'elle-même. L'esprit de Beethoven n'y connaît plus de frein, mais sa main reste ferme. Les idées qui s'y trouvent sont à la fois si nobles, si tendres, si pathétiques, si fantasques, les soubresauts par lesquels on passe, si violents, qu'ils échappent à l'analyse. Cependant il a su rassembler ces éléments contraires dans une unité devant laquelle on reste confondu, mais persuadé, toutefois, qu'un génie de la trempe de ce colosse peut seul tenter de pareilles entreprises.

Quelques jours, plus tard nous entendions l'admirable trio en *si bémol,* dédié par Beethoven à l'archiduc Rodolphe. Ce prince était lui-même compositeur et élève de l'auteur de la symphonie en *ut mineur.* Dans les dernières années de sa vie, le maître, envahi par la plus sombre humeur, devenu tout à fait sourd, ne gardait plus de ménagements vis-à-vis de son impérial élève.

Mais l'archiduc ne lui en voulait pas ; on peut s'en convaincre en lisant la lettre suivante, qu'il lui adressait de Baden, près Vienne :

« Cher Beethoven,

» J'ai appris, avec beaucoup de plaisir, par votre lettre, reçue avant-hier soir, votre arrivée dans ma chère ville de Baden, et j'espère vous voir demain avant midi, si votre temps vous le permet. Comme, depuis les quelques jours que je suis ici, ma santé s'en trouve bien, et que je puis entendre de la musique et en exécuter moi-même, je fais des vœux pour que le séjour dans cette jolie et saine contrée vous soit favorable. Ma sollicitude pour vous trouver ici un logement serait ainsi récompensée.

« Votre ami :

» Rodolphe. »

Hélas ! aujourd'hui nos musiciens français n'ont point de prince Rodolphe pour les protéger et les encourager. Ils sont réduits aux sympathies trop souvent stériles, d'un critique !

L'*adagio* du grand trio en *si bémol* est une des créations les plus connues de Beethoven. Soit que cette prière sublime s'adressât, dans la pensée de son auteur immortel, à la Divinité, soit que Beethoven ait voulu y dépeindre les accents tendres et passionnés d'un cœur aux prises avec un de ces grands amours qui transportent l'homme dans les sphères de l'idéal, cette page est assurément l'une de celles qui élèvent le plus l'âme.

Les deux récentes et magistrales exécutions de ce trio nous ont profondément ému. La première était due à MM. Duvernoy, Armingaud et Jacquard ; la seconde à MM. Saint-Saëns, Maurin et Chevillard.

Nous n'entrerons point dans la comparaison que pourraient avoir fait naître dans notre esprit, ces deux interprétations par des artistes différents, mais tous de premier ordre. Toutefois, à ce propos, il nous sera permis d'exprimer le plaisir que nous a fait éprouver M. Alphonse Duvernoy, jeune pianiste, élève de notre Conservatoire, qui, par la façon dont il interprète les maîtres, peut, dès aujourd'hui, passer pour l'un de nos virtuoses les plus distingués. Il a la netteté, le charme, la vigueur et par-dessus tout le respect des œuvres qu'il exécute.

Le 13e quatuor de Beethoven était la pièce capitale du programme du dernier concert. Autant qu'il est permis de juger à une première audition une œuvre du « grand Pan » de la musique, comme l'appelait Berlioz, nous donnerons notre impression sur ce quatuor, divisé en six parties. Il est écrit dans la dernière manière du maître. Le premier morceau et le dernier n'ont satisfait qu'un petit nombre d'auditeurs, et je n'en fait pas partie. Il me semble que dans ces deux fragments, Beethoven spécule sur des agencements de parties plus ou moins intéressants, et que sa muse ne l'inspire pas comme d'habitude. Par moments, cependant, elle lui parle ; mais ces instants son courts. Nous avons retrouvé son inspiration accoutumée, dans toute sa fantaisie et dans toute sa poésie en écoutant les quatre autres fragments.

L'*andante*, la *danza tedesca*, et cette belle *cavatine adagio* sont des chefs-d'œuvre que l'on ne peut décrire. Il n'y a pas d'expressions pour donner l'idée de pareils effets. L'exécution de cette œuvre si difficile à rendre, à cause de sa complexité et de l'étonnante multiplicité de ses nuances, exige des talents unis dans une même pensée, dans un même culte, et, si on peut le dire, quatre instruments sous un seul archet. C'est précisément cette condition qui constitue la supériorité du Quatuor Maurin, Chevillard, Mas et Colblain.

M. Mas est un alto puissant; quant à M. Colblain, il joue les seconds violons par modestie, mais en réalité il se montre digne de son terrible partenaire.

Plus j'écoute M. Maurin, plus je demeure frappé par la puissance et la variété de son jeu. Mais il se rencontre des gens qui ne se montrent jamais complétement satisfaits et qui lui reprochent certaines inégalités et même certaines excentricités. A la grande rigueur il se peut qu'ils aient raison. Pour nous, nous n'en sommes pas choqué. Peut-être même ces excentricités ajoutent-elles encore à l'originalité du jeu de M. Maurin, et l'on peut dire de lui qu'il a le génie du violon.

1872.

LE MANFRED

De ROBERT SCHUMANN *à la Société des Concerts*

La Société des Concerts, le 29 décembre et 5 janvier, a fait entendre à ses abonnés et pour la première fois, le *Manfred* de R. Schumann. Le musicien allemand a pris pour texte le poëme de lord Byron, traduit par M. Wilder. L'œuvre *tout entière* a été exécutée, et c'est là un honneur que la Société n'accorde guère qu'aux morts. Pourquoi ? Il y a cependant des œuvres de compositeurs vivants qui mériteraient une égale faveur ; nous souhaiterions que le Comité de l'illustre Société fût de cette avis, et qu'il n'attendît pas la mort d'un artiste pour lui exprimer son estime.

Nous nous rappelons avec tristesse que, dans la dernière année de sa vie, Léon Kreutzer présenta au Comité sa belle symphonie en *si bémol*, et qu'il dut renoncer à la satisfaction bien légitime de l'entendre exécuter, parce que la Société ne voulait en jouer que des fragments, prétextant le travail trop considérable qu'elle exigeait. Eh bien, j'apprends que le Comité a décidé que cette même symphonie serait jouée cette année tout entière. Ne réclamera-t-elle donc pas le même nombre de répétitions que du vivant de son auteur ?

Cela dit, arrivons au *Manfred*, de R. Schumann. Je ne sais, en vérité, à quel genre appartient la singulière musique de cette singulière composition. Elle n'est à proprement parler ni dramatique, ni symphonique, et ne peut être acceptée que comme une fantaisie. Sauf l'Ouverture, très développée, sans grande originalité, mais conçue dans d'assez belles proportions, *Manfred* ne présente qu'une succession de petits morceaux, de petites mélopées, de petits chœurs, de petits intermèdes d'orchestre. Le tout est écrit dans une manière qui ne mérite pas le nom de style, sous une inspiration aussi courte que vague.

Un « Ranz des Vaches », sans accompagnement et exécuté en perfection sur le cor anglais, par M. Crass, et « l'Apparition de la fée des Alpes », intermède pour orchestre *con sordina* (quarante mesures) ont un instant réveillé le public de son indifférence.

On peut citer encore l'« Hymne des génies d'Arimane », morceau sans développement, mais qui ne manque pas d'éclat.

L'orchestration de cette œuvre me confirme dans cette opinion que R. Schumann, en grand pianiste qu'il était, transformait pour l'orchestre ce qu'il avait d'abord conçu au piano. Cette méthode entraîne nécessairement bien des mécomptes, bien des effets manqués, bien des non-valeurs, et ce n'est certes pas un exemple à imiter. Le véritable symphoniste n'a pas besoin de s'aider d'un piano, il pense orchestre, si je puis m'exprimer de la sorte. En agissant ainsi, il agrandit son cadre et se préserve des virtuosités de cet instrument trompeur — le piano

Je demande bien pardon à l'illustre Société, mais elle aurait pu employer son temps plus utilement qu'en se livrant aux laborieuses études nécessitées par cette médiocrité donnée *tout entière*. Elle a certainement dû y consacrer plusieurs répétitions, à en juger, du moins, par le fini de l'exécution.

Plus j'entends la musique de R. Schumann, plus

aussi je demeure convaincu que le musicien saxon manquait de souffle. Et ce serait se tromper étrangement que de le prendre pour un homme de génie. C'était un talent, servi par une imagination distinguée sans doute, mais surtout rêveuse.

Si la langue de Schumann est ornée de douces sonorités, elle est pleine aussi de préciosités et d'obscurités. Il a écrit quelques rares beaux fragments, et un grand nombre de pièces pour la voix et pour le piano, dont les meilleures restent bien loin de celles de Schubert. Ces petites compositions de Schumann obtiennent le succès en empestant le goût. Que nos musiciens y prennent garde, en l'imitant ils pourraient bien ne rencontrer que des déboires. Ceux qui voudraient transporter au théâtre les fadeurs de Schumann doivent tenir pour certain qu'ils n'arriveront pas jusqu'à l'oreille du public. Ils tomberont dans le trou du souffleur pour ne plus se relever. D'ailleurs, on ne forme pas plus de bons cerveaux de musiciens avec toutes ces fadeurs qu'on ne fait de bons estomacs avec les friandises de Boissier.

1873.

DON CÉSAR DE BAZAN

Opéra-comique en trois actes de MM. d'Ennery et J. Chantepie; musique de M. J. Massenet.

Nous avons assisté à la représentation de *Don César de Bazan*, pièce de M. d'Ennery, mise en vers très lyriques par M. J. Chantepie et dont M. Massenet, un prix de Rome, a fait la musique.

Avant de donner nos impressions sur cet ouvrage, nous voulons revenir sur un sujet qui déjà nous avait occupé et que nous eussions voulu oublier. Il s'agit du mauvais esprit que l'on rencontre chez certains musiciens. Depuis le 1er janvier jusqu'à la Saint-Sylvestre, ils ne se lassent pas de gémir sur leur sort. A les entendre, on ne fait rien pour eux ; on ne joue pas leurs œuvres. Mais que l'un de leurs confrères ait la bonne fortune d'être interprété sur un théâtre, c'est à qui le critiquera le plus fort. Aussi a-t-on toujours envie de leur répondre : Lorsque vous dites « on ne *nous* joue pas, » vous pensez » on ne *me* joue pas ! » Ces imprudents ne s'aperçoivent pas qu'en tirant ainsi sur les leurs, ils tirent sur eux-mêmes. On ne saurait pousser plus loin la maladresse et la sottise.

Depuis longtemps déjà, accompagné de quelques-uns de mes confrères, je bataille pour faire ouvrir les portes des théâtres à nos compositeurs, et ce serait se montrer injuste que de ne pas reconnaître que les vœux des amis de l'art français sont enfin exaucés et qu'ils n'ont pas prêché dans le désert. Sept ou huit opéras nouveaux sont annoncés comme devant être représentés cette année (1). On accueille

(1) Trente et un actes nouveaux de compositeurs français ont été représentés cette année, sur le théâtre subventionné. A l'opéra : *La Coupe du roi de Thulé* et le ballet, *Gretna-Green* ; à l'Opéra-Comique : *Le Passant, la Princesse Jaune, Djamileh, Don César de Bazan, le Roi l'a dit.* A l'Athénée : *L'alibi, Dimanche et Lundi, Madame Turlupin, Dans la forêt, le Parc de maître Willon, le péché de Gérante, Monsieur Polichinelle, les Rendez-vous gâtants, la Dot mal placée, Ninette et Ninon, la Guzla de l'Emir.*

Nous félicitons, à ce sujet, M. le ministre des Beaux-Arts et ses collaborateur, MM. Charles Blanc, directeur des Beaux-Arts. A. de Beauplan, chef du bureau du théâtre et Vaucorbeil, commissaire du gouvernement près les théâtres subventionnés, ainsi que les directeurs de nos scènes lyriques, de ces tentatives qui leur font grand honneur.

donc les jeunes musiciens. Mais je le répète à ceux qui ne peuvent pas tenir leur langue dénigrante : Cessez de critiquer vos confrères; quand l'un d'eux arrive sur la scène, soutenez-le, applaudissez-le, au lieu de vous en aller colporter des critiques où, à chaque mot, percent l'envie et la mauvaise foi. Et sàchez bien que chaque chute d'un opéra nouveau atteint vos espérances et ruine votre crédit.

Malgré tout son talent, M. Massenet n'est pas plus que tous ses confrères à l'abri des coups de ce mauvais esprit qui sévit tout particulièrement sur les musiciens. Mais laissons là les envieux, les jaloux, les fruits secs, pour nous occuper de ce jeune musicien qui, du premier coup, vient de nous montrer que l'on pouvait compter sur lui. M. Massenet n'était encore connu que par un petit acte : *La Grand'tante,* par un cahier de mélodies et par des « suites d'orchestre, » très applaudies, il est vrai.

En choisissant, pour la mettre en musique, la pièce de M. d'Ennery, c'était s'exposer d'avance à plus d'une difficulté. En effet, on devait se demander si un chanteur d'opéra-comique pourrait jamais entrer dans le personnage typique dont Frédéric Lemaître avait composé une épique caricature? D'un autre côté, n'était-il pas à craindre que *Ruy-Blas,* joué récemment à l'Odéon, ne contribuât encore à fatiguer le public de ce don César de Bazan ? Ces périls n'effrayèrent point M. Massenet, et il obéit à l'inspiration qui l'entraînait vers l'Espagne. Cette inspiration pas plus que la fortune ne l'ont trahi.

L'idée trouvée et acceptée, il fallait encore rencontrer dans le personnel de l'Opéra-Comique un chanteur assez bon comédien pour représenter ce personnage de don César. Et, outre que ce théâtre ne possède que des ténors fort médiocres, il n'en compte pas un seul qui soit bon acteur. M. Massenet se retourna donc forcément du côté des barytons, puisqu'il en pleut aujourd'hui. Un instant on hésita entre M. Ismaël et M. Bouhy : ce dernier l'emporta. Voilà donc don César fait Baryton. Deux rôles importants furent encore confiés à des voix graves, celles de Mme Galli-Marié et de M. Neveu, et le rôle du roi, moins important, confié à un ténor. Cette distribution allait jeter le musicien, peut-être sans qu'il s'en rendît bien compte, dans une nouvelle difficulté.

En effet, ces voix de demi-caractères, réunies souvent dans les principales scènes de la pièce, nuisent nécessairement à la sonorité vocale et jettent parfois sur l'œuvre une certaine monotonie qui n'est pas le fait de l'inspiration chez le musicien, mais la conséquence de cette quasi conformité de timbres dans le chant. Ajoutons encore que la seule voix aiguë de soprano de Mlle Priola s'entend à peine dans le second acte.

Je crois donc que ce défaut eût disparu si le rôle de Don César eût été écrit pour un ténor. Mais, je l'ait dit, il ne s'en trouve pas un seul capable de rendre ce personnage ; il fallut donc subir cette nécessité, sous le poid de laquelle M. Massenet n'a pas succombé.

La musique de *Don César de Bazan* se recommande par de solides qualités ; on y sent un musicien déjà maître de sa plume. Il a de l'imagination, et si l'on peut reprocher à sa phrase mélodique de manquer un peu d'haleine, il faut reconnaître qu'elle a du *brio*, du charme et souvent aussi de la force. M. Massenet se montre ingénieux dans la disposition des parties ; il a le goût des sonorités expressives ; son orchestration est à la fois élégante, claire, brillante et vigoureuse. Cette dernière qualité est même poussée jusqu'à l'excès dans les ensembles, où la vigueur domine et couvre, par moments, le timbre des voix. Il est curieux du rhythme et n'a pas, pour écrire sa partition, trempé sa plume dans l'encrier de M. Wagner, comme on l'a écrit précipitamment. Tout au contraire, je ne veux voir dans la partition de M. Massenet, qu'une juvénile sincérité. Cette partition est avant tout scénique, et c'est à cause de cette qualité que, dès le début de ce compte-rendu, j'ai placé M. Massenet au nombre de ceux sur lesquels nos directeurs de théâtres devaient fonder les plus sérieuses espérances.

On a pu le remarquer, j'ai pour habitude de juger l'ensemble d'une œuvre plutôt que d'analyser chaque morceau en particulier. Cette méthode me paraît préférable au point de vue du lecteur qui, n'ayant pas entendu la pièce, cherche de préférence chez le critique une appréciation d'ensemble. L'ayant fait, je citerai maintenant les morceaux les plus saillants de la partition : la première partie de l'Ouverture ; au premier acte l'ariette : « Partout où l'on chante, partout où l'on boit ; » où Don César, à l'exemple du prince de la *Joconde* de Nicolo, raconte ses exploits ; l'*andantino* de Lazarille : « Ayez pitié si mon désespoir vous semble sincère et touchant ; » la jolie marche aux lanternes et le finale. Au second acte, une berceuse : « Dors ami, dors, et que les songes t'apportent leurs riants mensonges » ; une séguidille, chantée par Don César, d'une coupe très originale : « Riche, j'ai semé les richesses à tous les vents, à pleine main » ; le duo bouffe entre Don César et Don José, l'un des meilleurs morceaux de l'opéra ; la chanson à boire avec chœur : « A boire, amis, je vous invite » ; au troisième acte, qui s'ouvre par une jolie pièce symphonique dans le genre espagnol, que la partition intitule : « sévillana ; » une poétique romance de Maritana : « Je sais qu'il est une âme qui de la mienne est sœur » ; le madrigal de Don César à Maritana voilée, dont un cor dans l'ouverture donne la primeur ; enfin le trio final, très-scénique et très-vigoureux.

Comme on le voit, il y a là de quoi justifier un succès qui s'accentuera de plus en plus. Si l'on veut bien se donner la peine d'écouter cet opéra avec les mêmes dispositions d'esprit que s'il s'agissait de l'œuvre d'un auteur mort, on reconnaîtra qu'il est plein de promesses pour l'avenir de ce jeune musicien doué d'un tempérament véritablement dramatique.

En lisant les premières partitions de nos musiciens français les plus illustres : Méhul, Grétry, Boïeldieu, Hérold, Auber, on n'y rencontre certainement pas, même en tenant compte des découvertes du temps, des facultés musicales aussi prononcées que celles dont vient de faire preuve M. Massenet.

N'étouffons donc point nos jeunes musiciens par des jugements précipités et coupables, et n'exigeons pas d'eux qu'ils débutent dans la carrière par des chefs-d'œuvre.

L'exécution de *Don César de Bazan* est excellente, les chœurs seuls sont faibles. M. Bouhy joue et chante le rôle de Don César avec beaucoup d'intelligence de verve et de feu. Malheureusement, sa voix manque d'éclat et ne suffit pas toujours au relief du chant. Son succès n'en est pas moins très vif et nous y avons mêlé nos applaudissements; cette création lui fait grand honneur. J'ai peu de chose à dire de M. Neveu, qui montre de la tenue dans un rôle effacé.

M. Léry chante avec une certaine passion le rôle de Charles II.

Avec une voix de peu d'étendue, Mme Galli-Marié chante toujours dans le sentiment juste de la situation.

Mlle Priola gâte le plaisir qu'elle pourrait faire par sa fréquente respiration. Elle respire pour chanter trois notes et avec un bruit fatiguant, hachant ainsi la phrase mélodique en menus morceaux. Serait-ce au Conservatoire que l'on apprend à respirer de la sorte? N'est-il pas élémentaire qu'on ne doive pas entendre la respiration chez le chanteur? Il me semble que cette jeune élève pourrait encore se débarrasser de ce défaut capital. Si sa voix n'est pas très-sympathique, elle a du moins de la facilité et comme musicienne elle a du rhythme.

Le 19 décembre 1872

LA COUPE DU ROI DE THULÉ

Opéra en trois actes de MM. L. GALLET *et* E. BLAU,
musique de M. EUGÈNE DIAZ.

L'ouvrage couronné en 1869, à la suite d'un concours et que la précédente administration de l'Opéra s'était engagée à représenter, a enfin paru devant le public le vendredi 11 janvier. Les événements politiques et la réorganisation de notre première scène lyrique avaient jusqu'ici retardé l'apparition de la *Coupe du roi de Thulé*, que M. Perrin, lui-même, président des deux jurys — celui du poëme et celui de la musique — n'aurait pu entourer d'un plus grand luxe.

Son successeur n'avait pas même à ratifier le jugement du jury ; il ne lui restait qu'à l'exécuter, étant donnés les engagements pris par le ministère des Beaux-Arts sous l'empire, engagements que personne ne songeait à éluder et que M. Halanzier vient de remplir avec une bonne grâce parfaite.

Il a choisi parmi ses artistes ceux qui pouvaient le mieux assurer le succès de M. Diaz ; il lui a donné le concours de notre grand chanteur, M. Faure ; enfin, pour que rien ne manquât à cette fête, il l'a entouré d'un luxe inouï de mise en scène, comme s'il se fût agi d'un ouvrage choisi par lui et signé d'un nom illustre.

En agissant ainsi, M. Halanzier avait-il la conviction que cette œuvre allait se montrer digne de la grande scène qu'il dirige ? Ne recevant pas ses confidences, je l'ignore ; aussi pensons-nous qu'il a voulu débuter par l'accomplissement rigoureux des promesses de l'administration de l'Opéra, acceptant comme siennes celles de son prédécesseur. Et par quelles splendeurs ne l'a-t-il pas fait ? Mais il sait que le public d'aujourd'hui attache beaucoup d'importance au luxe de la mise en scène, aux décorations féeriques, d'ailleurs ruineuses pour l'art musical. Il faut assurément, que la direction de notre Opéra, la première scène lyrique du monde, entoure son répertoire d'un certain luxe, mais ce serait le faire dévier de sa mission, de son but comme de son origine, que d'exiger que l'Opéra luttât avec les théâtres de féeries où le spectacle ne donnant rien à l'esprit et à l'âme est tout entier fait pour les yeux.

Je le répète, M. Halanzier n'assumait sur lui qu'une seule responsabilité, celle de la distribution des rôles et de la mise en scène de l'ouvrage couronné au concours de 1869. Il ne me semble pas inutile de dire comment le jury était composé. Le poëme fut jugé par MM. Emile Perrin, président du jury, Gounod, Félicien David, A. Thomas, E. Augier, Th. Gautier, Paul de Saint-Victor, Sarcey et Victor Massé. Je me souviens encore qu'à cette époque les échos de la presse ne tarissaient pas d'éloges sur la pièce de MM. Blau et Louis Gallet. Sans doute le sujet en est charmant, très poétique et les vers en sont meilleurs que ceux que, d'ordinaire, on offre aux musiciens ; mais, et j'en demande bien pardon aux honorables membres du jury, ce sujet ne pouvait convenir à un grand opéra. A peine eût-il suffi à un opéra-ballet tel que *Le Dieu et la Bayadère*.

La légende scandinave rapporte qu'il y avait une fois un roi de Thulé qui, se sentant mourir, fit venir son bouffon et lui présentant la coupe, emblème du pouvoir, lui dit : « Tu la donneras au plus digne. » Mais le bouffon Paddock ne voit personne dans la foule des courtisans digne d'y tremper les lèvres et la jette à la mer.

Myrrha la favorite infidèle du roi, promet son amour à qui lui rapportera la coupe. Le défi exalte le courage d'Yorick, un pauvre pêcheur qui, n'ayant d'autre bien que sa vie, la risque pour un si haut prix !

Le hardi plongeur n'eût probablement pas réussi dans son audacieuse entreprise sans l'hospitalité de la reine des Eaux, qui se sent touchée par tant de courage. Mais Yorick, oubliant les charmes séducteurs de Claribel, qui lui offre l'immortalité s'il veut rester dans son royaume, lui avoue ses desseins. Il a promis à Myrrha de lui rapporter la coupe du roi de Thulé !

Claribel, qui a lu dans le cœur de Myrrha au travers du miroir des eaux, lui assure qu'il n'est point aimé et qu'il est trompé :

Le cœur de ta Myrrha n'est qu'une plage aride
Où nulle fleur ne tremble aux caresses du vent.

. . . .

Apprends pour qui Myrrha t'oublie en ce moment.

Sur un geste de Claribel, les flots s'entr'ouvent pour laisser voir à l'horizon de la mer une barque dans laquelle Myrrha et Angus sont étendus, livrés à l'amour.

Mais rien ne peut ouvrir les yeux aveuglés d Yorick ; il veut regagner la terre, car dit-il,

Sans Myrrha
Toute flamme
En mon âme
S'éteindra.

Va donc lui répond Claribel :

..... Quand tu seras désenchanté de vivre
Ou désireux de te venger
Quand la chimère qui t'enivre
Aura brisé ton cœur comme un roseau léger,
Bois par trois fois dans la coupe enchantée.
En m'invoquant trois fois dans ton dernier appel ;
Tu verras oubliant — comment tu l'as quittée —
Venir à ta voix Claribel !

Dans le troisième acte se réalisent les prévisions de la reine des eaux. Myrrha ne reçoit la coupe des mains du pêcheur que pour la remettre à son amant Angus. Yorick, alors, soufflé par le bouffon n'écoute plus que la vengeance. Invoquant Claribel, il se livre à cette reine apportée par les flots, au milieu des ténèbres et de l'orage. Et la mer courroucée se referme sur la syrène et sur Yorick, entraîné vers d'autres félicités.

On le voit, il n'y a là qu'une légende, sans situations dramatiques, n'offrant au musicien aucun développement scénique mais seulement prétexte à de très-courts morceaux, un sujet d'opéra-comique, peut-être.

Un autre jury, nommé par les concurrents eux-mêmes, pour la musique, se composait de MM. Emile Perrin, président, Bazin, Gewaërt, Duprato, Victor Massé, Semet, Ernest Boulange Camille Saint-Saëns.

Après de laborieuses séances d'examen, la partition de M. Diaz fut reconnue la meilleure. Quelques autres opéras, ceux de MM. Massenet, Barthe, Guiraud, Vast et de Polignac obtinrent une mention.

Sans vouloir discuter le jugement dn jury, les éléments nous manquant pour cela, jury, d'ailleurs, composé d'hommes spéciaux, peut-être nous sera-t-il permis, maintenant que nous connaissons l'œuvre du lauréat, de chercher à expliquer les motifs de leur choix, en allant ainsi du connu à l'inconnu.

En pareille occurence, tout juré doit se demander si le compositeur a bien rendu les effets et les caractères du drame, si la mise en œuvre est conduite habilement, enfin si la partie mélodique est riche et originale.

J'ai dit, plus haut, que le sujet de la pièce n'étant pas dramatique, il créait aux compositeurs une difficulté considérable qu'aucun d'eux n'a pu éviter : aussi nous est-il interdit de reprocher à M. Diaz de n'avoir pas fait de drame où le drame n'existe pas. Ce que nous critiquons chez lui, c'est la façon dont il écrit les chœurs et l'orchestre, qui en vérité, nous semble un peu bien naïve.

Son orchestration, surtout, est à chaque instant, défectueuse, trop sonore par moments, parce qu'elle n'est que bruyante, et dans d'autres sans sonorité, parce qu'elle ne met pas en relief le motif qu'elle accompagne. Les parties concertantes offrent peu d'intérêt ; les timbres sont souvent employés mal à propos. Il y a empâtement, confusion, enfin inexpérience manifeste dans l'instrumentation de M. Diaz.

A ce point de vue, il devient difficile d'expliquer comment l'œuvre de M. Diaz a pu l'emporter sur ses rivales, écrites par des musiciens, prix de Rome, tels que MM. Massenet et Guiraud, dont on peut juger aujourd'hui le talent par leurs opéras et par les œuvres symphoniques qu'ils ont données dernièrement. Si j'appuie sur ce point, c'est qu'il me paraît capital.

Il faut donc que le travail de M. Diaz ait plus

particulièrement frappé l'attention des juges sous le rapport de la valeur mélodique. Il faut que les qualités mélodiques de son opéra aient apparu tellement saillantes à leurs yeux qu'elles aient fait oublier les défauts de la forme. Etant donnée cette supposition non-seulement permise, mais encore toute logique, on arrive à conclure que la création mélodique, chez les concurrents du lauréat, devait être bien faible, à en juger par celle de M. Diaz, impuissante, le plus souvent à racheter son inexpérience des choses de l'art.

Nos lecteurs savent le vif intérêt que nous portons aux succès de nos jeunes compositeurs; aussi n'est-ce pas sans regret que nous constatons l'illusion que nous caressions depuis tantôt trois ans, au sujet de la *Coupe du roi de Thulé*. Certes, nous ne nous attendions point à trouver un talent consommé; on ne demande pas à l'arbrisseau nouvellement planté de projeter au loin son ombre, mais nous espérions apercevoir le germe d'un grand avenir, une sève vigoureuse, justifiant le verdict du jury qui appelait M. Diaz à l'honneur d'être exécuté à l'Opéra.

M. Diaz n'a point écrit d'ouverture; une simple introduction nous ouvre les portes du palais du roi de Thulé. Le premier acte est évidemment le plus solidement construit; il est même brillant. La facture en est conduite d'une main plus sûre d'elle-même que dans le reste de l'ouvrage. Le premier chœur :

Entends. Dieu sévère,
D'un peuple en prière
Le cri désolé.

a du caractère. Les couplets de Paddock :

Je fais mon métier : Je ris !

sont d'une coupe originale. Il faut louer aussi le sentiment de l'air, si admirablement chanté par M. Faure :

Un seul être
Ô mon maître,
Te pleures, et c'est ton bouffon !

A l'entrée de Myrrha et de la cour, j'ai remarqué un élégant « motif, » joué par les premiers violons.

Il y a aussi un ensemble d'une belle sonorité, coupé par cette phrase de Myrrha :

Au déclin de la vie,
Si le vieillard t'oublie
Pardonne à sa folie,
Tu seras roi.

En citant encore le fabliau assez original du *Lion et du Singe,* j'aurai fait la part large à ce premier acte, qui faisait présager favorablement de la suite de l'ouvrage.

Le second acte, qui se passe au fond de la mer, eût été pour un musicien consommé, pour un symphoniste, l'occasion merveilleuse d'ouvrir la porte toute grande à la fantaisie. Ces syrènes étincelantes, tantôt courant à travers les rochers de corail et de nacre, tantôt chantant étendues sur des lits de perles: les vagues apportant le plongeur évanoui, le mirage du château de Thulé et la barque des deux amants, tous ces éléments poétiques conviaient le musicien à l'inspiration. Mais il lui eût fallu l'imagination fantastique d'un Weber !

Presque tout l'effet de cet acte est manqué. Cependant on y trouve le meilleur morceau de l'ouvrage — la romance de Claribel :

Océan, courbe-toi sous la main de ta reine,

dont l'expression est charmante et bien en situation.

Il me reste encore à citer dans cet acte un *tremolo* des instruments à cordes, sous un appel des cors, fragment d'orchestre qui accompagne la descente de Yorick dans le monde de la mer.

Ces deux derniers morceaux portent l'empreinte d'une réelle inspiration. Une certaine grâce caractérise le chœur en échos des syrènes ; mais je ne trouve rien à mentionner dans le reste de l'acte, dont la faiblesse est extrême. Quant au ballet, où l'on ne danse pas, et dans lequel les naïades se contentent de quelques poses habilement réglées par M. Mérante, la musique en est absolument nulle.

M. Faure s'est, à la lettre, entendu acclamer au troisième acte, le plus faible de l'opéra, dans l'air :

Hélas! il avait vingt ans;
Il s'éveillait au printemps.
. . . .
Marâtre aveugle à nos pleurs,
O nature, sois maudite!

M. Faure a su donner de la valeur à ce morceau, qui n'est pas mauvais assurément, mais dont le souffle mélodique ne dépasse pas celui d'un *Noël* d'Adolphe Adam.

Ajouterai-je encore un mot sur les récitatifs dont je n'ai pas parlé? Hélas! aucune variété n'a présidé à leur facture. Le chanteur récite souvent deux ou trois vers sur la même note, ce qui fait ressembler le récitatif de M. Diaz à du plain-chant. Si la partition de la *Coupe du roi de Thulé* prouve que son auteur a le goût du chant, elle montre aussi qu'il lui reste encore beaucoup à apprendre. Pour écrire une œuvre de longue haleine, quelques dons naturels ne suffisent pas, il faut encore que l'étude les ait développés. Sans de fortes études, l'impuissance se manifeste promptement; le compositeur inexpérimenté et ignorant de la partie scolastique de son art se heurte à des difficultés sans nombre. Il finit, en dépit de l'organisation la plus distinguée, par tomber, malgré lui, dans la vulgarité. La science est l'aide obligée de l'inspiration dans toute œuvre d'art. Nous souhaitons vivement que M. Diaz ne se lasse pas de marcher dans ses sentiers un peu abruptes, il est vrai, mais qui conduisent aux succès durables.

L'ensemble de l'interprétation ne laisse rien à désirer. Mme Gueymard, à l'aide de sa voix magnifique, a trouvé le moyen de faire jaillir quelques étincelles d'un rôle ingrat. Mlle Bloch, malgré l'empâtement de sa voix et de sa diction, a mieux réussi qu'elle n'est accoutumée. M. Achard faisait, mercredi, ses débuts à l'Opéra; il ne manque ni de distinction, ni d'étendue dans la voix; malheureusement le timbre de cette voix n'a plus qu'une sonorité monotone. On le savait déjà, il n'est point de rôle qu'on ne puisse confier à M. Faure; il triomphe toujours, dans la musique plus vocale comme dans celle qui l'est le moins. Il nous en a donné plus d'une fois la preuve dans les dernières années. Chanteur admirable, comédien excellent, il est de ces artistes en qui se résume l'art vocal et dramatique de leur temps.

La *Coupe du roi de Thulé* restera surtout dans nos souvenirs comme une féerie. M. Halanzier en lui donnant une hospitalité somptueuse a payé d'une main prodigue la dette contractée par M. Perrin.

14 janvier 1873.

MARIE-MADELEINE

Oratorio de M. Jules Massenet.

La Société des Concerts, l'orchestre de M. Pasdeloup et la Société de l'Odéon ont donné, cette année, selon l'usage, des concerts soi-disant spirituels, le vendredi saint. L'Odéon en avait organisé deux. Il ne nous a pas été loisible d'assister à celui du jeudi, et cela à notre très-grand regret, puisqu'on y exécutait deux œuvres de musique sacrée, dues à la plume de compositeurs français : le psaume *Cœli enarrant gloriam*, musique de M. C. Saint-Saëns et un poëme symphonique : *Rédemption*, paroles de M. Blau, musique de M. Franck, l'auteur de *Ruth*, églogue biblique dont nous avons eu l'occasion de parler deux fois avec éloges. J'allais oublier deux fragments d'un opéra de M. Lalo, un musicien de la nouvelle école.

Comment ces concerts, traditionnels déjà, ne se composent-ils pas exclusivement de musique sacrée ? Etant donné le jour où ils ont lieu, il est permis de s'en étonner et de le regretter. Que de chefs-d'œuvre anciens rarement exécutés on entendrait avec bonheur ! Et quelle étude, quelle noble émulation pour nos jeunes compositeurs ! Mais il faudrait travailler, répéter, et c'est là ce qui nous coûte le plus.

Bien des fois nous nous sommes pris à regretter que nos musiciens ne se tournent pas vers le style de la musique sacrée, étude où se sont formés les plus grand génies de la musique. Aujourd'hui, l'un de nos plus jeunes compositeurs vient de réaliser ce vœu. M. Massenet nous a fait entendre, vendredi, à l'Odéon, un oratorio, *Marie-Madeleine*, dont les paroles sont de M. Gallet.

Malgré l'insuccès d'argent de *Don César de Bazan*, nous n'avons pas été de ceux qui n'ont vu dans l'auteur de cet opéra qu'un musicien impuissant, et encore moins de ceux qui lui reprochaient de tremper sa plume dans l'encrier de R. Schumann. Loin de là, nous soutenions, au contraire, que M. Massenet se recommandait aux amateurs de musique par la facilité naturelle de l'inspiration et par la clarté du style. Lorsqu'il était accusé par les uns de *schumanisme* et par les autres de l'abandonner, nous essayions, en dehors de toute passion, de tout intérêt, d'analyser sa partition, de faire apprécier les signes manifestes d'une charmante organisation musicale.

L'oratorio que nous entendions vendredi à l'Odéon donne absolument raison à nos appréciations antérieures. Cette nouvelle œuvre en confirme la justesse, et l'on me permettra de me réjouir d'une telle bonne fortune, puisqu'elle dote la France d'un vrai musicien. Je vois dans *Marie-Madeleine* la manifestation éclatante d'un esprit distingué, poétique, et, par moment même, vigoureux. Et cet esprit s'exprime dans une langue savante et précise qui n'a rien de commun avec les divagations prétentieuses des impuissants, de ces chercheurs qui ne trouvent jamais rien, et dont on voudrait étiqueter les insanités du mot — Progrès !

Marie-Madeleine est une belle et solide partition, non sans défauts, peut-être; mais s'ils existent, l'auteur sera le premier à les reconnaître. La qualifier de chef-d'œuvre serait de l'exagération ; mais c'est une œuvre, une œuvre d'artiste, de véritable artiste, dont nous félicitons sincèrement et chaleureusement l'auteur de *Don César de Bazan*.

Le drame sacré de M. Louis Gallet expose en excellents termes l'histoire de la Madeleine qui a su inspirer également bien les deux collaborateurs. Il avait pour interprètes solistes Mme Viardot (Madeleine), Mme Vidal (Marthe), M. Bosquin (le Nazaréen), et M. Petit (Judas). Les deux femmes, pour des causes différentes, se sont montrées au-dessous de leur tâche. La fatigue de l'âge mûr et l'inexpérience de la jeunesse leur conseillaient cependant l'abstention. La voix de M. Petit est mal assurée; seul M. Bosquin a mérité les applaudissements. Il a le style de l'oratorio, le sentiment toujours juste des situations, et sa place est désormais marquée parmi les rares bons chanteurs du temps présent.

Les chœurs et l'orchestre, sous l'excellente direction de M. Colonne, ont bien laissé un peu à désirer. Les deux ou trois accrocs qu'on a pu remarquer dans l'exécution s'expliquent aisément, si l'on songe que les quinze morceaux dont se compose *Marie-Madeleine*, n'ont été répétés que deux fois à l'orchestre.

Voici les morceaux qui nous ont le plus frappé: la première scène; — « La Magdaléenne à la fontaine », sorte de pastorale orientale d'un effet charmant. Le genre pastoral, en musique, est un peu trompeur ; grâce à certains rhythmes et à l'aide des jolis timbres des flûtes, des hautbois, des clarinettes et des basses, un musicien manque rarement d'y produire de l'effet. Toutefois, je n'entends diminuer en rien la valeur de ce morceau, dans lequel M. Massenet a mis beaucoup de grâce.

J'aime moins le chœur ironique où les compagnes de Madeleine se moquent de son repentir. Mais le rire est si difficile en musique! En revanche, je louerai sans réserve le chœur qui vient après l'air de Judas, le « chœur de l'insulte », l'une des pages les plus vigoureuses de la partition et écrite de main de maître.

Dans la seconde partie, le duo de Madeleine et de Jesus m'a paru d'un sentiment exquis, et le duo des deux sœurs d'une belle inspiration. *Le Pater noster* chanté par Jesus et par ses disciples, a produit dans le public une forte impression. Le caractère en est simple, grand, et l'expression pénétrante.

La troisième partie, le *Golgotha*, débute par un chœur magnifique. Nous sommes là en plein drame, et le musicien s'y est maintenu à la hauteur du sujet. Que dire de plus? L'air de la Madeleine, pleurant au pied de la croix, est touchant et pathétique, et le finale, principalement le chœur : « Christ est ressuscité ! » d'un éclat superbe.

Dans cette œuvre remarquable, les chœurs me paraissent supérieurs aux soli, malgré le mérite qu'atteignent certaines parties de ces soli. Pour ne citer qu'un exemple, le chant dans le rôle de Judas porte l'empreinte de l'archaïsme. Les chœurs, au contraire, traités avec beaucoup de savoir et une grande vigueur de touche, ont une originalité plus marquée. Si l'archaïsme s'y rencontre encore, c'est discrètement, dans un ton emprunté à l'oratorio des vieux maîtres et dans une mesure qui ne détruit en rien la personnalité de l'artiste.

M. Massenet a été littéralement acclamé par le public, à l'issue de l'audition de son œuvre. Ce sont de pareils musiciens qu'il faut souhaiter pour l'avenir de l'école française, des hommes qui, tout en appartenant déjà à l'avenir, sont aussi du présent par le succès.

15 avril 1873.

GRETNA-GREEN

Ballet en un acte de M. Guiraud.

MM. Nuitter et Mérante ont remis à l'un de nos jeunes musiciens un *scenario* sur lequel M. Guiraud vient de broder un ballet en un acte. Tout le monde connaît de nom le village d'Ecosse dont le forgeron mariait, il y a quelques années encore, et à coups de marteaux, les amoureux auxquels manquait la sanction paternelle. Le décorateur de l'Opéra n'a, sans doute, jamais voyagé au pays de Walter Scoot, à en juger par le paysage qui sert de cadre au nouveau ballet ; et je dois ajouter que son imagination n'y a pas suppléé. Si ce n'était l'horizon de son décor, il pourrait tout aussi bien servir au *Postillon de Longjumeau*. Mais la toile du fond est charmante et fait honneur à MM. Rubé et Chaperon.

Voici en deux mots le sujet du *scenario* de MM. Nuitter et Mérante. La fille du forgeron de Gretna-

Green aime un certain Williams, que n'agrée point pour gendre le pontife *in partibus* des mariages écossais. Les amoureux imaginent, un beau jour, de prendre les habits d'un couple de haut parage, venu à Gretna-Green pour se jurer fidélité, dans le mariage, sur l'enclume du père Toby. Celui-ci, grisé par l'*ale* que lui versent ses clients, revient à sa forge, où il trouve Williams et Pretty, qu'il ne reconnaît pas sous leur déguisement. Aussi les marie-t-il sans hésiter.

A ce moment arrive le père du jeune lord qui, bientôt, s'aperçoit que le forgeron vient d'unir Pretty et sa fiancée croyant marier un jeune seigneur. Ainsi finit cette comédie, que traversent deux ou trois incidents, prétextes à danser; et c'est, en somme, tout ce que voulait M. Nuitter, l'habile librettiste.

Je n'ai pas à présenter l'auteur de la musique à mes lecteurs ; on se souvient de sa *suite d'orchestre*, exécutée avec un grand succès, l'année dernière, aux Concerts-Populaires, ainsi que de *Madame Turlupin,* opéra en trois actes, joué dernièrement à l'Athénée où l'on rencontre d'agréables fragments. Le directeur de l'Opéra, en confiant à M. Guiraud le ballet de *Gretna-Green*, s'était donc rallié à la bonne opinion que faisaient concevoir ses débuts

En même temps il s'associait au mouvement qui s'est produit pendant la saison en faveur des compositeurs français, mouvement longtemps sollicité et qui ne s'arrêtera plus, nous l'espérons du moins.

Nous retrouvons aujourd'hui dans la partition de *Gretna-Green* les qualités qui recommandent le talent de M. Guiraud aux sympathies des dillettantes : la clarté, un des dons de notre génie national, la facilité, la verve, le charme et une main sûre, le plus souvent du moins. Rencontre-t-on chez le jeune musicien les signes d'une originalité bien accusée? Je n'oserais pas l'avancer, car il me semble qu'il était encore sous la dépendance des maîtres qu'il a le plus étudiés.

L'instrumentation de *Gretna-Green* est ingénieuse, trop ingénieuse même. Des détails voulus, cherchés, caressés à l'excès, dans l'harmonie, viennent, parfois, nuire à l'effet de l'ensemble des morceaux. A chaque mesure le compositeur se plaît à surprendre l'oreille, à l'étonner. Il s'adresse trop à ce qu'on est convenu d'appeler *la note curieuse.* C'est là un excès contre lequel M. Guiraud ferait sagement de se tenir en garde, parce qu'il doit paralyser l'inspiration, au moment du travail.

Si je passe en revue les morceaux de *Gretna-Green*, je rencontre, tout d'abord, la scène pleine d'entrain du marché; puis, au moment où Pretty s'aperçoit qu'il manque une fleur à son bouquet, un élégant *tempo di mazurka*, dans le sentiment de Chopin, le *cantabile* suivant où la flûte joue le principal rôle, le numéro 5 de la partition, valse charmante, bien qu'entachée de préciosité et que je préfère à celle de la scène du Colin-Maillard, qui manque absolument d'originalité. La marche des clans et la gigue finale que le compositeur a pris pour thèmes de son ouverture, fort bien traitée d'ailleurs, ont du caractère et de l'éclat.

En général, il faut bien le reconnaître, l'instrumentation de *Gretna-Green* n'a pas tout le brillant, tout le relief nécessaires de la musique de ballet. Mais qui donc atteint le but du premier coup? Le génie seul, et pas toujours. Il suffit que M. Guiraud ait presque touché la perfection pour que M. Halanzier se félicite du bon accueil fait par le public au nouveau venu, qui est aussi le bienvenu.

La mise en scène, bien que soignée, ne présente rien de très-neuf et de bien heureux. Le rôle du forgeron Toby est joué et mimé avec beaucoup de talent par M. Berthier. Mlle Fiocre a mis toute sa grâce dans son rôle de séducteur ; la séduction lui est familière. Quant à Mlle Beaugrand, je suis un peu embarrassé pour en parler puisque le public la goûte davantage à mesure qu'elle s'éloigne de mon idéal. Que voulez- vous ? je suis de la vieille école ; je tiens pour la danse noble et ne fais pas grand cas de la virtuosité, des tours de force, des petits effets sur place, du *taqueté* le plus merveilleux ; le pointu n'est pas ce que j'aime en art : je lui préfère la grâce d'une belle ligne courbe. M. L. Mérante mettant sous son bras la très exiguë Mlle Beaugrand, comme on ferait d'un parapluie, ne me paraît pas non plus le comble de l'élégance.

L'art de la danse qu'illustra la Taglioni s'en va ici, comme en Italie ; Mmes Sangalli et Beaugrand, dans des genres différents, tournent au métier d'acrobate. Hélas ! tout s'en va, absolument tout ! ! Mais qu'importe, si M. Barodet est content !

13 mai 1873.

LE ROI L'A DIT

Opéra-Comique en trois actes
de M. Edmond Gondinet,
musique de M. Léo Delibes.

L'idée première, dans la pièce de M. Gondinet, était heureuse et contenait tous les éléments nécessaires à un poëme d'opéra-comique, dans la manière de Scribe ; aussi le premier acte est-il parfait sous tous les rapports. C'est clair, gracieux, comique, animé, brillant. Mais à partir du second acte, l'action languit pour disparaître bientôt tout à fait. On n'aperçoit plus le point de départ, et il semble que le librettiste n'ait terminé son œuvre qu'à bâtons rompus, tant elle se traîne d'incidents en incidents.

La pièce, écrite en vers libres et débarrassée de tous les hors-d'œuvre, peut se raconter en quelques lignes. M. Gondinet nous ramène au temps du Roi-

Soleil, dans ce même Versailles qui fait encore parler de lui, comme dans son beau temps. Le marquis de Montcontour quitte sa province pour venir faire figure à la Cour, flanqué de la marquise et de ses quatre filles. Mais comment paraître devant le Grand Roi, sans en être troublé? Aussi le gentilhomme en perd-il sa révérence et laisse-t-il tomber son chapeau, maladresse que le monarque feint de ne pas même apercevoir, tant la cause lui en paraît naturelle.

« Vous avez un fils? » lui dit le roi. Et notre provincial répond sans hésiter un *oui* qui va le plonger tout à l'heure dans mille embarras. Mais comment dire non à une question qui semblait être un désir? Telle est, du moins, l'excuse que le marquis donne à sa femme! Le ménage se tire d'embarras en acceptant de Miton, le maître à danser de Mlles de Montcontour, un fils d'occasion, jeune paysan fort dégourdi, qui a quitté son village pour suivre Javotte, une soubrette de la maison du marquis. Grâce à ce professeur de maintien et de belles façons, Benoît devient, en un tour de main, un raffiné endiablé, rossant ses fournisseurs, mettant le feu au couvent où la marquise a enfermé ses filles, pour cause d'émancipation hâtive, ferraillant enfin et se rendant sur le pré au moindre prétexte. L'un de ses duels sert le marquis, qui ne sachant plus à quel saint se vouer, au bruit des méfaits de son prétendu fils, le fait passer pour mort sur le terrain. Le roi fait porter ses compliments de condoléance au très fortuné père et le comte Benoît de Montcontour disparaît de la scène du monde comme il y était venu, parce que « le roi l'a dit ! »

Il y a dans la partition de M. Delibes, comme dans la pièce de M. Gondinet, des parties excellentes et d'autres sujettes à critique. Commençons par celles-ci, pour finir par l'éloge.

J'ai goûté assez peu l'ouverture, écrite en « popourri », et dont les liens paraissent rattachés à la hâte. L'entr'acte instrumental me semble meilleur, sans offrir rien de bien saillant, toutefois. Les ariettes, les couplets et les duos de ces trois actes, sauf quelques phrases heureuses, sont généralement faibles. L'invention chez le musicien étant obligée de se proportionner aux moyens des interprètes, il devenait dès lors malaisé d'écrire de beaux chants pour des voix impuissantes à les chanter. Ce n'est certes pas pour des voix chevrottantes et mal posées que souffle la longue haleine des mélodies. Aussi pensons-nous qu'il y a, sous ce rapport, des circonstances atténuantes à faire valoir en faveur du compositeur.

En revanche, on compte maints morceaux d'ensemble charmants. Ils portent la marque d'un musicien distingué plein d'habileté, de grâce et de naturel. Quelques-uns de ces morceaux se rattachent aux vieilles écoles italienne et française. D'autres, au contraire, ont tout à fait l'allure de notre époque.

Il faut citer parmi les meilleurs l'*otetto* de la première scène, la marche et le chœur qui accompagnent la sortie pompeuse du marquis, en chaise à porteurs. Toute cette scène est délicieuse. Celle où les filles du marquis prennent une double leçon de maintien et de musique, ne lui cède en rien.

Celles-ci chantent là un petit chœur d'un opéra imaginaire et à la mode du temps : *Les Filles du Ténare ;* c'est du Lulli ou du Campra. Au second acte, j'ai remarqué le charmant trio, en style syllabique, de Jacquot et des deux petits marquis, puis le final où se trouve la jolie phrase si bien développée : « Ah! qu'il est doux d'avoir un frère! » Citons enfin le final du troisième acte, l'un des morceaux les mieux réussis d'un ouvrage que l'on aura plaisir à revoir plusieurs fois.

L'instrumentation de la nouvelle partition de M. Delibes est traitée avec élégance et discrétion, quoique les effets n'y manquent pas. Les sonorités y sont de bon goût et ne gênent pas la voix, mérite rare aujourd'hui.

Si l'exécution vocale de *Le Roi l'a dit* laisse à désirer, la pièce est du moins fort bien jouée. L'excellent comédien Sainte-Foix retrouve dans le personnage de Miton les bravos et les rires qu'il provoque toujours dans Cantarelli du *Pré aux Clercs*. M. Ismaël serait parfait s'il voulait bien montrer un peu plus de gaîté. Le quatuor des jeunes filles et les deux petits marquis, ceux-ci représentés par Mesdemoiselles Ganetti et Reine, forment un élément d'une grâce exquise, auquel revient la plus large part dans le succès de l'ouvrage. L'une des filles du marquis, Mademoiselle Chapuy, doit être félicitée sur la façon dont elle dit et chante ses couplets, au troisième acte.

L'orchestre, sous l'habile direction de M. Deloffre, a satisfait les plus difficiles; enfin, la direction a fait œuvre d'artiste en composant la mise en scène du *Roi l'a dit,* qui nous promet un véritable compositeur d'opéra-comique.

3 *juin 1873.*

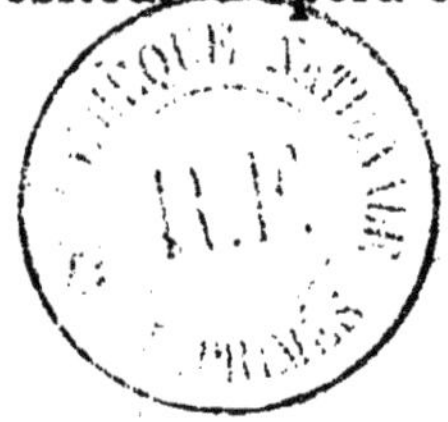

FIN DU PREMIER VOLUME.

TABLE DES MATIÈRES

CONTENUES DANS LE PREMIER VOLUME

Imp. et Stér. A. DERENNE, Mayenne. Paris, rue St-Séverin, 25.